重庆大中型水利工程建设对耕地的影响及保护策略研究

——基于价值分析视角

罗 杰◎著

中国财经出版传媒集团

中国财政经济出版社

图书在版编目（CIP）数据

重庆大中型水利工程建设对耕地的影响及保护策略研究：基于价值分析视角／罗杰著．—北京：中国财政经济出版社，2017.9
ISBN 978-7-5095-7659-5

Ⅰ．①重… Ⅱ．①罗… Ⅲ．①水利工程－工程施工－影响－耕地－研究－重庆②耕地保护－策略－研究－重庆Ⅳ．①TV5②F323.211

中国版本图书馆 CIP 数据核字（2017）第 196668 号

责任编辑：郁东敏　　　　　　责任校对：徐艳丽

中国财政经济出版社出版

URL：http：//www.cfeph.cn

E-mail：cfeph@cfeph.cn

（版权所有　翻印必究）

社址：北京市海淀区阜成路甲28号　邮政编码：100142

营销中心电话：88190406　北京财经书店电话：64033436　84041336

北京财经印刷厂印刷　各地新华书店经销

787×1092毫米　16开　16.5印张　200 000字

2017年9月第1版　2017年9月北京第1次印刷

定价：32.00元

ISBN 978-7-5095-7659-5

（图书出现印装问题，本社负责调换）

本社质量投诉电话：010-88190744

打击盗版举报热线：010-88190414　QQ：447268889

目录

第1章 绪论 ··· 1
    1.1 研究背景与问题 ··· 3
    1.2 研究目的及意义 ··· 8
    1.3 研究思路与目标 ··· 13
    1.4 研究内容和方法 ··· 16
    1.5 研究特色与创新点 ·· 20

第2章 文献综述 ··· 23
    2.1 水利工程建设与耕地价值的相关研究 ····················· 25
    2.2 大中型水利工程征地补偿的相关研究 ····················· 33
    2.3 水利用地项目集约利用研究 ·································· 43

第3章 相关概念的界定及理论基础 ································· 47
    3.1 基本概念界定 ·· 49
    3.2 相关理论基础 ·· 55

第4章 重庆市水利工程用地现状及特征分析 ···················· 75
    4.1 重庆市水利工程用地现状 ······································ 77
    4.2 重庆市水利工程用地时间变化 ······························· 86
    4.3 重庆市水利工程用地空间变化 ······························· 88

4.4 重庆市在建水利工程用地特征分析 …………………………… 92

第 5 章 大中型水利工程建设对占用耕地的影响 Ⅰ
——价值损失 ………………………………………………… 101
5.1 数据来源与方法 ……………………………………… 104
5.2 结果与分析 …………………………………………… 115
5.3 小结 …………………………………………………… 135

第 6 章 大中型水利工程建设对占用耕地的影响 Ⅱ
——价值补偿 ………………………………………………… 139
6.1 数据来源与方法 ……………………………………… 142
6.2 结果与分析 …………………………………………… 146
6.3 小结 …………………………………………………… 153

第 7 章 大中型水利工程建设背景下邻近耕地价值变化分析 ……… 155
7.1 数据来源与方法 ……………………………………… 157
7.2 耕地价值变化分析 …………………………………… 158
7.3 小结 …………………………………………………… 168

第 8 章 大中型水利工程建设背景下耕地保护策略 Ⅰ
——建立耕地价值损失防控体系 ………………………… 171
8.1 水利直接用地集约评价 ……………………………… 174
8.2 水利间接用地集约评价 ……………………………… 190
8.3 水利工程建设节约集约用地技术方法 ……………… 199

第 9 章 大中型水利工程建设背景下耕地保护策略 Ⅱ
——完善耕地价值补偿机制 …………………… 217
 9.1 现行征地补偿政策及价值损失对比 …………………… 219
 9.2 完善耕地价值补偿机制 …………………… 224

第 10 章 结论与展望 …………………… 233
 10.1 结论 …………………… 235
 10.2 相关问题与研究展望 …………………… 240

参考文献 …………………… 242

附　录 …………………… 255

第 1 章
绪 论

1.1 研究背景与问题

土地是一个国家重要且不可再生的战略资源,土地问题关系国民经济可持续发展及国家的安全与社会稳定,关系"中国梦"的实现。我国土地资源的特点可以概括为"一多三少",即土地总量多,人均耕地少、优质耕地少、可开发耕地资源少。首先,土地的绝对总量巨大,我国内陆土地总面积约 960 万平方公里,占世界陆地面积的 14%,继俄罗斯和加拿大后,排在世界第三位。但人均占有土地面积仅为 0.8 公顷,不到世界人均水平(约 2.67 公顷)的 1/3,特别是作为土地资源中最为宝贵、决定人类生存和发展的耕地资源更是严重不足,人均耕地面积(约 0.093 公顷)不足世界人均耕地占有量的 40%。其次,我国地形错综复杂,地貌类型多,各类土地资源分布不平衡,土地生产力水平低。土地分布总体而言是山地多,平地少,海拔小于 500m 的土地面积只占土地总面积的 27%,特别是资源禀赋较好的优质耕地仅占全国耕地面积的 1/3,高产田只占全部耕地面积的 20%,且 90% 以上分布在湿润、半湿润的东南部地区。最后,宜开发为耕地的后备土地资源严重不足,我国耕地后备资源潜力约为 1 333 万公顷,真正可以开发的耕地只有 800 万公顷左右。从以上特点可以看出,我国的土地资源状况并不令人乐观,耕地资源的变化总体上表现出总量持续减少、人地矛盾突出、耕地资源分布边缘化和耕地质量退化等显著特点。目前,我国人均耕地在世界上处于低水平,不到世界人均耕地的一半。全国已有 660 多个区(县)人均耕地低于联合国粮农组织(FAO)确定的 0.053 公顷警戒线，这说明形势非常严峻，任何时候都要切实保护好耕地，坚持最严格的耕地保护制度。

水是基础性自然资源和战略性经济资源，是社会经济发展和生态环境保护的控制性要素，在人类社会发展中具有特殊的不可或缺的重要地位和作用。我国是世界上水资源最丰富的国家之一，水资源总量位居世界第六，水力资源位居世界第一。我国幅员辽阔，山川纵横，河流众多，源远流长。由于地壳运动、气候变迁等影响，构成了复杂多样的地形地貌，大兴安岭、太行山、唐古拉山、秦岭等山脉纵横，长江、黄河、珠江、雅鲁藏布江、海河、淮河、辽河等河流源远流长，并冲积而成东北、华北、关中、河套、江汉、黄淮、长江三角洲、珠江三角洲等平原，形成了西北高、东南低，山多、河多、水多的地貌特征。其中，山地面积约占全国面积的33%，高原约占26%，盆地约占19%，平原约占12%，丘陵约占10%。复杂多样的地形地貌，加上季风气候影响明显，造就了我国水利资源的富集和复杂多样性。我国江河众多，流域面积在100平方公里以上的河流有5万多条，流域面积在1 000平方公里以上的河流也有1 500多条，大小河流总长度超过42万公里，可绕地球赤道10圈半。但我国水资源人均占有水平低。尽管水资源总量大，但由于国土面积大，人口多，水资源短缺的矛盾依然突出，单位国土面积水资源量仅为世界平均水平的83%；人均占有水资源量约为2 200立方米，仅为世界人均占有量的28%；每亩耕地平均占有量为1 440立方米，仅为世界平均水平的一半。另外，地区分布不均，南方多、北方少，东部多、西部少，山区多、平原少。西部山区河流切割深，水低田高，用水十分困难。

受到自然条件、生产力水平和社会制度等诸多因素的制约，严重的水旱灾害一直困扰着中华民族。2011年中央1号文件指出："洪涝灾害频繁仍然威胁中华民族的伟大复兴与全面发展，水资源供需矛盾突出仍然是可持续发展的主要瓶颈，农田水利基础设施建设滞后仍然是影响农业稳定发展和国家粮食安全的最大硬伤，水利设施薄弱仍然是国家基础设施的明显短板。随着工业化、城镇化深入发展，全球气候变化影响加大，我国水利面临的形势更趋严峻，增强防灾减灾能力要求越来越迫切，强化水资源节约保护工作越来越繁重，加快扭转农业主要'靠天吃饭'局面任务越来越艰巨。2010年西南地区发生特大干旱、多数省区市遭受洪涝灾害、部分地方突发严重山洪泥石流，再次警示我们加快水利建设刻不容缓。"随着2011年中央1号文件的发布，我国水利工程建设迈上新的台阶。一大批大中型水利枢纽工程的上马，在扭转我国水利工程建设弱势的同时，也以牺牲了大量良田沃土为代价。人类自古逐水而居，河谷两岸的冲积平原积淀了中华民族的历史文化。随着大型水利枢纽工程的建设，大量处于河谷地带的优质耕地，尤其是基本农田处于被淹没或占用，这就带来了有限的耕地资源与有限的水资源产生的矛盾。根据2012年国土资源公报，全年批准建设用地61.52万公顷，其中转为建设用地的农用地42.91万公顷，耕地25.94万公顷，同比分别增长0.6%、4.5%、2.5%。报国务院批准用地中，核减不合理用地0.66万公顷。单独选址建设项目用地中，2012年占比7.5%，全年水利建设用地4.61万公顷。

大中型水利工程的建设一方面产生了巨大的社会效益和国民经济效益，促进社会经济的快速发展；另一方面大的影响就是由于征收大量土地产生的大量水库移民。新中国成立以来，大规模的水利水电建设产生了大量的移民。到20世纪80年代中期，我国水库移民搬迁人数约1 000万人，其中大部分集中在50年代至70年代。这一时期我国进行了4次有史以来最大规模的水库移民，即丹江口水库移民38.3万人，三门峡水库31.9万人，东平湖水库27.8万人，新安江水库30.6万人。20世纪90年代到2010年，三峡水库工程、小浪底水库工程、南水北调工程的建设产生了大量移民，尤以三峡水库工程搬迁移民最多，达110万余人。由于水利工程是公益性工程，属国家重点扶持的基础设施项目，其经济效益并不显著，注重的是社会效益和整体的国民经济效益。水利工程建设给移民带来的经济和社会负面影响并没有在工程建设成本中得到真实反映，移民搬迁后不能获得足额的补偿，受影响的人群不公平地承担了工程建设带来的经济和社会成本，基本的生产条件和生活条件得不到恢复，导致生活水平严重下降，陷入长期的贫困中。移民的贫困与工程本身产生的巨大社会和经济效益形成强烈的反差。随着市场经济体制的建立与完善，国家与移民之间的利益关系需要重新定义。尽管国家在2006年颁布的《大中型水利水电工程建设征地补偿和移民安置条例》（国务院471号令）和《关于完善大中型水库移民后期扶持政策的意见》，相继提高了征地移民补偿标准，提高土地补偿补助的倍数，并实行20年后期扶持的政策，但补偿标准仍然较低，土地补偿标准不能真实反映耕地价值，前期的补偿补助标准太低，致使库区移民仍然停留在较低生活水平下，无法真正实现"搬得出、稳得住、能致富"的目标。

国务院于2004年下发了《国务院关于深化改革严格土地管理的决定》，强调必须坚定不移地贯彻"十分珍惜、合理利用土地和严格保护耕地"的基本国策。党的十八大报告指出，坚持节约资源和保护环境的基本国策，坚持节约优先、保护优先、自然恢复为主的方针，着力推进绿色发展、循环发展、低碳发展，形成节约资源和保护环境的空间格局、产业结构、生产方式、生活方式，要节约集约利用资源，推动资源利用方式根本转变，加强全过程节约管理，大幅降低能源、水、土地消耗强度，提高利用效率和效益。严守耕地保护红线，到规划期末耕地保有量必须保持在 1.2 亿公顷以上，这是约束性指标，是不可逾越的底线。耕地保护是一项不可动摇且需要长期坚持的基本国策。我国实行最严格的耕地保护制度，对基本农田实施特殊保护，是中国面临的一项十分紧迫而又艰巨的任务。土地是农民赖以生存的物质基础和基本条件，减少耕地占用，保护好耕地对农业、农村、农民问题意义重大。我国人口增长与资源有限的矛盾将长期存在，耕地资源相对不足的基本国情不会改变，耕地保护工作始终面临严峻的形势。因此，大中型水利工程在建设的同时，节约集约用地是摆在工程建设面前的重要指标。

长期以来，我国大中型水利枢纽工程的用地选择往往是满足需求为导向，以满足工程功能、工程效益为单一目标，占用耕地的选择往往是依据推荐的坝址、正常蓄水位和施工总布置确定，国土管理部门无法质疑其坝址选择、水位选择和施工总布置的合理性，被动地按其需要淹没或占用耕地的数量来提供用地指标，缺乏一种质疑：为什么需要占用那么多土地？为什么需要占用那么多农田？能否在功能相同的前提下，减少淹没占用耕地或土地面积，实现国民经济效益的最大化？能否在功能相同的前提下，通过增加工程投资达到保护耕地、保护基本农田的要求？水利工程的建设大多数是国家投资，减少占用耕地或土地即是节约国家投资，即是减少征地拆迁规模，减少工程建设与征地移民的矛盾，实现工程建设与地区发展和谐共处，实现其工程建设的最终目的。因此，关于水利工程淹没耕地的价值损失、耕地价值补偿以及水利工程建设中的耕地保护问题成为当前必须着手研究的课题。

1.2 研究目的及意义

1.2.1 研究目的

针对我国耕地日趋减少的趋势,以水利工程建设为着力点,本书选择重庆市南川区金佛山水利工程、渝北区观音洞水利工程、长寿龙门桥水利工程和石柱县东方红水利工程为研究对象,从耕地价值出发,在对耕地地块投入产出情况、自然经济区位条件、淹没损失特征等进行实地调查并测算其经济、社会、生态三大价值的基础上,对水库淹没区耕地经济价值变化、社会价值变化和生态价值变化进行研究;同时,以耕地价值损失为突破,针对性提出大中型水利工程建设背景下的耕地保护策略,即通过建立耕地价值损失防控体系和完善耕地价值补偿机制,从技术方法上控制耕地价值损失,从政策制度上保障耕地价值补偿,以期能对淹没区耕地价值有更深入的认识,能为水利工程决策提供参考,能为大中型水利水电工程征地移民补偿政策提供理论依据,最终实现水利工程建设与耕地保护的可持续发展。具体研究目的如下:

(1)基于微观水利工程被淹没耕地区域进行耕地价值研究,以期深入研究工程建设对区域耕地价值变化的影响,对耕地价值有更深入的认识,为水利工程方案比选、决策立项提供参考。

(2)通过对四个水利工程耕地价值的测算和特征解析,以期与现行的大中型水利水电工程征地移民补偿政策相结合,探索一条有益的移民安置补偿途径，能对被淹没区耕地和征地补偿政策有新的认识。

（3）在对耕地价值和征地补偿政策认识的基础上，参照建设用地集约评价指标体系，试图构建一套适合微观层面水利工程建设用地集约性评价的指标体系，为下一步制订和完善水利工程建设用地控制标准提供相关实际参考。

（4）通过对耕地价值的剖析和对现行征地补偿政策不足的分析，明确水利工程建设用地集约性评价及相关节约集约用地技术方法和措施的使用，其目的就是减少耕地价值损失、合理耕地价值补偿，为保护我国的基本口粮田、保障粮食安全贡献提供理论指导和政策建议。

1.2.2 研究意义

在国家严格土地用途管制的同时，如何确保 18 亿亩耕地红线不被突破。面对我国农村耕地面积不断减少的事实，对耕地面积减少原因的质疑越来越多，其中有不少学者对水利工程建设占用大量耕地提出尖锐批评，矛头直指水利工程建设所占用的大量土地，尤其是水利工程淹没的都是优质耕地。一方面，水利工程建设无论从宏观上对整个社会经济发展的推动作用还是对微观层面被占用区域所产生的辐射效应都是巨大和明显的；另一方面，水利工程建设需要占用数量巨大的优质耕地资源，不仅加剧我国人地矛盾、使人地关系更加紧张，而且给被征地农民的生产生活带来各种负面效应。为了发展经济、提高人们的生活水平，必须大力发展水利事业，但是也必须看到我国耕地和土地资源的巨大约束，意识到水利建设必须严肃对待土地资源特别是耕地资源的占用问题，协调水利建设与土地资源保护之间的矛盾，努力实现耕地和土地资源的可持续利用，保障社会经济的持续发展。因此，进行大中型水利工程建设对耕地的影响及耕地保护策略研究从理论层面和实践层面都有极其重要的意义。

(1) 加强对水利工程淹没耕地价值损失的认识

理论界关于耕地价值的研究主要集中在学术层面，将耕地价值理论应用到实际水利工程建设中并予以量化的少之甚少。长期以来，水利工程前期方案比选时将受淹没耕地纳入比选指标中，并没有体现出耕地的真实价值，而仅仅反映了耕地前三年平均亩产值的经济价值（土地补偿费）和部分社会保障价值（安置补助费），对耕地所具备的生态价值、失业保障价值、代际公平功能、社会稳定功能、保障国家粮食安全等功能均未纳入，其方案比选并不是真正意义的方案比选，在将耕地价值纳入这方面还存在诸多认识不足。当然，水利建设占用耕地与耕地资源保护的矛盾并不是完全对立的。水利建设用地虽然占用一定数量的土地资源，且大部分为宝贵的耕地资源，形成了巨大的用地代价，但水库及相关基础设施的建设会带来灌区供水量增加、人畜饮水安全、库周土地增值等，对于国土资源的综合开发、利用、优化及提高土地的利用率、促进农民增产增收，进而拉动国民经济与社会的发展等方面具有积极的贡献。加快水利基础设施的建设，是现阶段我国加快社会经济发展的必然选择。要解决水利建设占用土地资源与最大限度保护土地资源之间矛盾，根本出路在于，确保水利工程建设对区域土地资源效用的增加不低于被占用土地资源产生的土地资源效用损失。换而言之，修建水利工程不至于使土地资源总效用的减少。显然，尽量少占用高效用的土地资源（如耕地、园地、宅基地等），从有利于提高土地资源利用效率的标准来考虑水利建设项目的安排（包括坝址选择、蓄水位方案的制定、施工组织与管理等方面），充分考虑水利建设活动中的各种因素就成为工程建设中必须思考的问题。

本书通过对水利工程淹没耕地价值损失的测算，目的是想让工程决策者不仅仅看到耕地的经济价值，理应注意耕地的社会价值和生态价值，并将其纳入方案比选中，让工程设计者寻找更优的水利工程坝址，在相同功能前提下节约占地，实现土地的可持续利用。

（2）加强对水库移民征地补偿政策的认识，揭示现行征地补偿政策的不足

大量的征用耕地带来的是大量的生产安置移民。重工程建设、轻移民安置，历来在我国投资项目决策中有所体现。随着国民物权意识的提高、法律的普及，越来越多水利工程的征地移民难以操作实施。而这一关键难题又反映到了耕地价值的认识中，从耕地价值的分析计算，揭示现行征地移民补偿政策的有关不足，反映其真正实施操作难度的本质。

诚然，大部分水利工程的经济效益并不明显，在国家现行社会经济发展水平和国民经济承受能力的前提下，尚无能力真正按耕地价值进行补偿。所以我国实施的是一种前期补偿、补助与后期扶持相结合的政策。在这一宏观政策指导下，各种补偿标准均偏低，甚至在同一区域范围内其他类型工程征地政策明显高于水利工程征地移民补偿政策，这就造成潜在的不稳定因素。在水利水电工程我们常常执行的是"同库同策"，即使跨县、市、省，然而当区县人民政府具体实施时却无法实施"同县同策"，水利工程独立的征地补偿政策体系始终独立于其他征地补偿政策体系之外。如何在有限的国力前提下，确保既让水利工程服务于大众，又不侵占被淹没区居民的既得利益，是我们当前所面临的一道难题。正因如此，为了减少移民安置的压力，减少地方政府的为难，如何在有限的条件下实现资源的优化配置是理论学者和政策制定者需思考的一个难题。往常水利工程的建设均未考虑太多的移民代价，如今本研究通过库区耕地价值的研究，揭示出库区耕地实际应得到的真实价值，

希望在征地移民补偿政策中予以体现,让被征地移民的直接利益不会发生损失。这对于既要加快水利基础设施建设,同时又要保护土地资源、减少移民安置,都具有重要的理论意义和现实指导意义。

(3) 保护和节约耕地资源,保障我国粮食安全

合理的水利建设用地活动一方面强调对用地效用的提高,即通过存量优化和增量调整两种手段增加土地总效用;另一方面也强调土地资源的节约利用,在保证工程正常用地的情况下,尽量防止土地浪费,减少不合理用地方式导致的间接用地损耗。粮食安全的最基本目标是确保所有人在他们想要的情况下都能够满足他们所需要的基本食品需求,包括通过市场和救济两种方式。粮食安全的根本保障来源于耕地资源,因此说粮食安全是在"地里"而不是在"库里",也就是说只要有面积充足的耕地资源与相应的生产能力,就能基本保证粮食安全。根据《国土资源"十二五"规划纲要》,未来5年,耕地保有量保持在18.18亿亩,基本农田不低于15.6亿亩,土地整治总面积4亿亩以上,补充耕地2 400万亩。这一刚性约束指标正是保障粮食安全的具体措施,目的是为了更好地保障我国人民今后的吃饭问题。我国土地利用规划中也明确规定了通过建设占用耕地与开发复垦耕地相平衡,达到耕地总量动态平衡的目标。水利建设用地合理性评价能促进土地的节约、集约利用,实现土地资源的可持续利用,从而为守住我国的18亿亩耕地这一不可逾越的红线做出应有的贡献,最终保障我国的粮食安全,使人民群众在享受安全供水、农业灌溉条件等基础设施改善的同时也能持续满足其最基本的食物需求。

(4) 完善水利建设用地评价体系,实现水利用地的节约集约

学术界关于建设用地的节约集约利用评价主要是关于城镇建设用地和工业用地,关于基础设施用地方面的研究较少。基础设施建设用地的

集约利用研究主要是以公路建设用地为主，关于水利建设用地方面的几乎为零。为填补水利工程建设用地集约利用评价的空白，实现每年在我国占 1/4 的基础设施用地——水利建设用地的节约集约，有必要为水利建设用地构造一个评价指标体系，设置一个上下限值，让水利工程不得不考虑被征耕地价值和被征地移民的感受，让水利工程不能再用公益性工程的口号而恰恰占用耕地最多、占用基本农田面积最大，让水利工程建设也感受到耕地资源的紧张形势，从而实现水利建设用地的节约集约。

1.3　研究思路与目标

1.3.1　研究思路

本书基于耕地价值视角，采用理论研究与实证研究相结合、定性分析与定量分析相结合的方法，借鉴国内外关于耕地价值与耕地价值补偿的研究成果，在重庆市规划在建的大中型水利工程淹没耕地分析的基础上，选取四个典型水利工程作为研究对象，分析大中型水利工程建设对耕地价值的影响，揭示水利工程建设对耕地价值损失的真实状况，认清耕地价值损失代价，建立完整的耕地价值损失核算体系。通过对耕地价值损失的测算，构建大中型水利工程影响下区域耕地价值补偿框架，构思耕地补偿价值测算方法，对南川金佛山、渝北观音洞、长寿龙门桥、石柱东方红四个库区直接价值补偿和间接价值补偿进行了测算，对耕地价值补偿制度进行了探讨。从库区、区域角度分析耕地价值变化，从水利工程功能的确定分析对区域耕地价值变化的影响。由此，在大中型水利工程建设的宏观背景和耕地价值损失量化的微观核算的基础上，如何减少耕地价值损失、合理利用和保护耕地就成为本书的研究目标。本书引入耕地价值损失防控体系和完善耕地价值补偿机制两种路径方法，根据分析结果有针对性地提出了大中型水利工程建设背景下的耕地保护策略。

本书的研究技术路线见图 1-1。

1.3.2 研究目标

（1）显化水利工程建设征地区域内耕地价值损失，揭示水利工程建设前后区域耕地价值的变化，试图在解决"用水难"的背景下，平衡粮食安全、社会稳定等因素，为合理界定水利工程价值损失提供理论依据。

（2）建立耕地价值损失防控体系。通过对典型水利工程的分析，选取代表性评价指标，构建一套适合微观水利工程用地评价及耕地价值损失的指标体系，意图在项目前期设计阶段评价水利工程直接用地和间接用地的集约度，为下一步制订和完善水利工程建设用地控制标准提供相关实际参考。

（3）完善耕地价值补偿机制。通过耕地价值损失量化、明晰耕地产权关系、建立区域耕地价值补偿制度等方式，试图提高现行征地价值补偿标准，完善被征地移民补偿补助，为大中型水利工程征地移民补偿政策、区域耕地补偿机制的建立提供理论指导和政策建议。

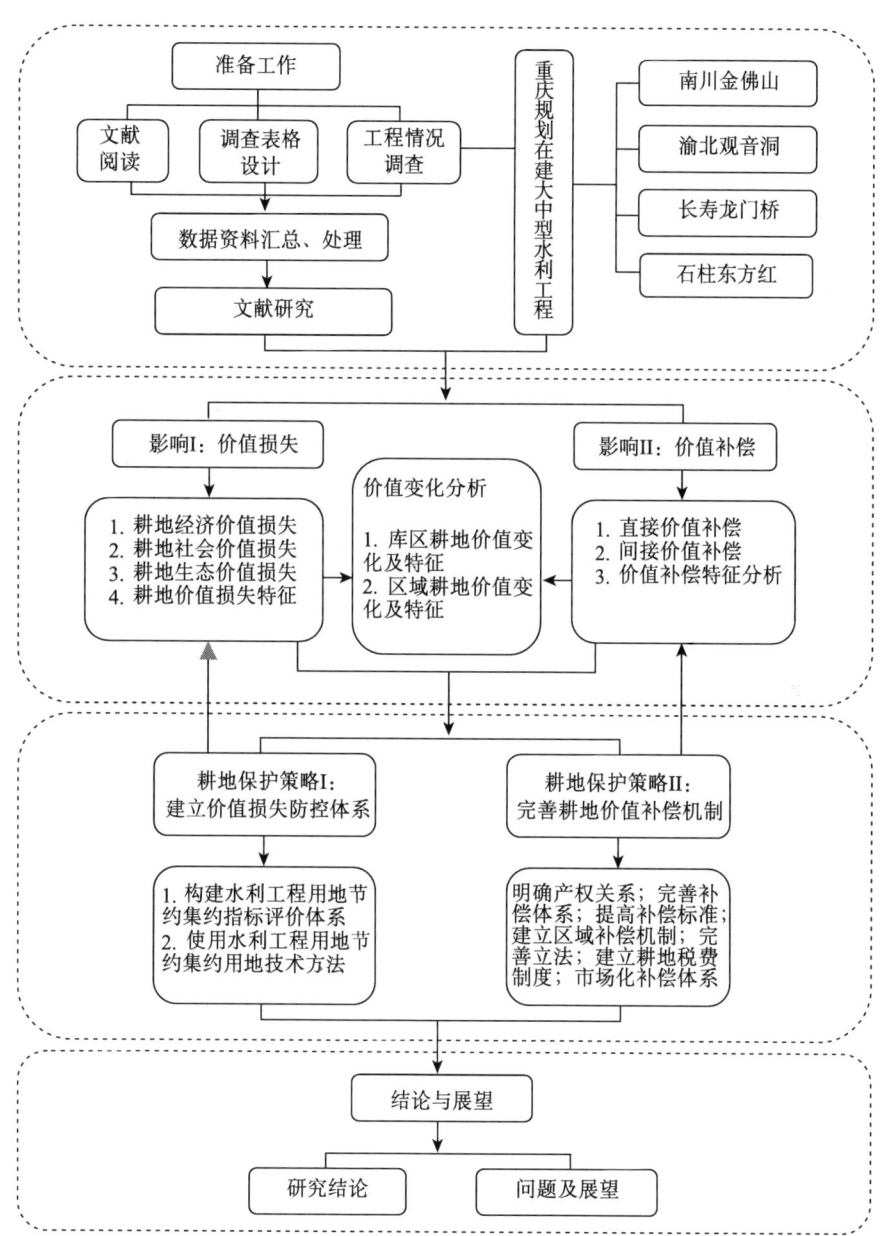

图 1-1 技术路线图

1.4 研究内容和方法

1.4.1 研究内容

(1) 重庆市大中型水利工程用地特征分析

本研究主要通过选取重庆市在建的大中型水利工程进行分析研究，对其占地情况、占地耕地情况进行对比分析。36座规划在建大中型水利工程总库容达100 232万立方米，淹没占地面积达到6 598公顷，淹没耕地面积3 808公顷，耕地面积占总面积比例57.72%；每一千万方库容（$10^8 m^3$）需淹没占用土地65.82公顷，其中淹没耕地37.99公顷。从水库规模来看，大型水库工程淹没耕地占土地总面积的平均比例为58.91%，中型水库工程淹没耕地占土地总面积的平均比例为53.12%。说明在兴建大中型水利工程中，耕地的淹没损失比重较大，单位库容淹没的耕地面积较大。

(2) 大中型水利工程建设对占用耕地的影响Ⅰ——价值损失

通过采取收益还原法、替代法、影子价格法等方法，对南川金佛山、渝北观音洞、长寿龙门桥、石柱东方红四个库区耕地经济价值、社会稳定价值、社会保障价值和生态价值进行了测算，其中耕地经济价值损失所占比重最高，分别为44.45%、45.05%、42.43%、51.21%。石柱东方红库区因种植辣椒这种经济效益较高的农作物比例较大，其耕地经济价值水平是四个库区中最高，这表明种植经济作物比重越高，越利于提高耕地的经济价值产出水平。其次是耕地生态价值，生态价值损失所占比重分别为 32.93%、32.36%、30.91%、26.05%。这揭示出，耕地生态价值在耕地综合价值中占有较大比例，在耕地利用和征用过程中必须使具有外部性的生态价值得以体现，否则将大大低估耕地价值，降低耕地的比较效益，导致耕地朝着非农用地快速转用。总体来看，四个库区耕地价值损失总体与库区淹没和建设占用耕地数量成正比，耕地损失越多，耕地价值损失越大，这表明在水利工程建设中减少耕地占用是减少耕地价值损失的根本所在，在水利工程建设中必须遵循节约集约用地原则，采取各种工程措施降低对耕地的占用。

（3）大中型水利工程建设对占用耕地的影响 II——价值补偿

通过构建大中型水利工程影响下区域耕地价值补偿框架，构思耕地补偿价值测算方法，对南川金佛山、渝北观音洞、长寿龙门桥、石柱东方红四个库区直接价值补偿和间接价值补偿进行了测算，对耕地价值补偿制度进行了探讨。通过对四个库区耕地直接价值补偿和间接价值补偿进行测算，四个库区耕地直接价值补偿总体与库区淹没和建设占用耕地数量成正比，耕地损失越多，耕地直接价值补偿越大。从新增或改善灌面间接价值补偿来看，以农业灌溉为主要功能的水利工程或虽不以农业灌溉为主，但其用于农业灌溉的供水量较大的水利工程，因新增和改善灌面效益较大，其间接价值补偿水平更高。从库区新增水域间接生态价值补偿来看，四个库区总体与库区淹没耕地数量成正比，耕地淹没越多，新增水域生态价值补偿越大。建议完善耕地征用价值补偿体系，通过向占用耕地者征收耕地生态补偿费的形式将具有外部性的生态服务功能价值纳入价值补偿体系中实现内部化；提高耕地征用价值补偿标准，以测算出的库区耕地实际承载着的各种功能价值水平为依据进行补偿标准的确定，使补偿标准能较为真实地反映出损失耕地的价值水平。

(4) 大中型水利工程建设背景下邻近耕地价值变化分析

通过对四个库区的研究发现,耕地价值变化程度与耕地损失量成正比关系,且总体呈减少变化,表明目前水利工程建设中对损失耕地的价值补偿不够充分,急需提高耕地的土地补偿费、安置补助费、耕地开垦费等补偿标准。从各构成部分来看,水利工程修建导致耕地生态价值损失较大,表明生态价值是耕地综合价值的重要组成部分,当前急需完善耕地价值补偿体系,把生态价值等外部性价值纳入补偿体系,提高耕地价值补偿水平。从大区域范围看,以农业灌溉为主要功能的水利工程所在区域——南川区和石柱县,或虽然不以农业灌溉为主,但其用于农业灌溉的供水量较大,折算耕地面积仍能大于损失耕地面积的区域——渝北区,其耕地价值总体呈增加变化。反之,以工业或城镇供水为主要功能的水利工程所在区域——长寿区,因新增或改善灌面少,其耕地价值总体呈减少变化。这揭示出在进行水利工程功能设计时,尽量多为农业灌溉提供保障,使新增或改善灌面效益较大,从而确保水利工程影响下区域耕地损失价值可通过间接方式得以充分补偿。

(5) 大中型水利工程建设背景下耕地保护策略Ⅰ——建立价值损失防控体系

基于耕地价值损失量化的基础上,在大中型水利工程建设背景下试图构建一套耕地价值损失防控体系,达到耕地保护、减少耕地价值损失的效果。耕地价值损失防控体系的概念可解释为:在现有的经济技术条件下,基于满足工程安全、适度工程投资和水库功能不降低的前提下,以优化水库工程规模和减少耕地价值损失为目标,通过建立集约用地指标评价体系,以提高水利建设用地的使用效率,防范耕地的粗放利用;在水利工程建设各阶段,通过优化工程选址、科学工程布置、论证水库规模、优化设计方案等技术手段,最终达到节约用地、减少占用耕地的目标，将耕地价值损失控制在最低范围。

水利工程建设用地集约用地指标评价体系方面，采用层次分析法与综合指数法进行集约度评价，达到防范及纠正价值损失的目的。直接用地的集约评价结果，南川金佛山水利工程集约利用度最高（0.7531），接近高效利用，主要表现在其集约用地结构、集约用地效益及耕地价值损失方面。其单位蓄水量淹没土地面积、淹没耕地面积均属最低值，说明其坝址选取位置合理；水库淹没经济指标适度，其供水灌溉效益也表现明显，单位水利用地灌溉面积、供水人口、蓄水量均表现优异，说明该水利工程功能定位合理，以农业灌溉和农村人畜饮水为主的水库功能提升了其土地集约利用的效益；其单位蓄水量淹没的耕地价值损失值也最低，说明其淹没耕地量较小，相应地价值损失值也较低。相反，以工业供水和城市供水为主的渝北观音洞、长寿龙门桥水利工程在效益方面表现较差，其供水结构、水库功能还需进一步优化配置。而间接用地的集约评价结果，渝北观音洞水利工程集约度分值最高，接近高效利用；长寿龙门桥水利工程次之，属中度利用；南川金佛山水利工程和石柱东方红水利工程土地集约度分值均较低，属低效利用。水利工程建设节约集约用地技术方法和措施方面，主要通过坝址选择比较、水位比选、坝型优化、渠线设计、减少搬迁人口规模、优化专业项目复建、工程防护措施、土地复垦等手段达到节约用地、少占耕地，控制价值损失的目的。

（6）大中型水利工程建设背景下耕地保护策略Ⅱ——完善耕地价值补偿机制

通过对耕地价值损失的相关计算，可以明确库区耕地价值损失的具体量化值，与现行的水利工程征地补偿政策进行对比，分析得出现行政策耕地补偿体系的缺陷与不足。完善耕地价值补偿机制主要从以下七个方面展开：明晰地产权关系，界定耕地所有权、使用权主体；完善耕地征用价值补偿体系；提高耕地征用价值补偿标准，合理确定征地补偿补助倍数和耕地年亩产值；建立区域长效补偿机制；完善立法，确认各主体在法律上的权利和义务；建立科学合理的耕地资源税费制度；建立向市场机制过渡的耕地价值补偿体系。

1.4.2 研究方法

本研究采用理论研究与实证研究相结合、定性分析与定量分析相结合的方法，在查阅大量国内外关于耕地价值和水利工程建设文献的基础上，采用规范研究方法确定本研究的逻辑起点，界定本研究的基本框架内容，进而构造在大中型水利工程背景下对耕地的影响及保护策略的理论框架。运用收益还原法、替代法、影子价格法等方法，分别计算出四个库区耕地经济价值、社会稳定价值、社会保障价值和生态价值，得出其耕地价值损失；运用对比法，分析耕地的价值补偿及耕地价值变化；运用定量分析法（层次分析法和综合指数法），建立耕地利用节约集约评价体系，计算各工程用地节约集约度；运用实证分析方法，得到工程节约用地的技术方法；采用历史分析、制度分析、比较研究、案例分析等方法，总结出相关政策建议。

1.5 研究特色与创新点

（1）本书的研究特色是从耕地价值的角度分析了大中型水利工程

建设对耕地的影响及耕地保护问题。本书重新阐述了耕地价值的定义，分别从耕地经济价值、社会价值和生态价值计算水库淹没区耕地价值真实损失情况，并结合水利工程的特点，根据水利工程灌溉或供水功能的定位，计算区域耕地价值的变化，真实反映受淹没区域耕地价值损失情况，以便更清楚地认识水利工程建设与耕地保护的关系。

（2）本书的创新点是对大中型水利工程节约集约用地进行系统研究，并从微观层面建立水利建设用地集约利用评价指标体系。学术界关于基础设施用地的节约集约利用研究较少，大部分是研究公路、能源类用地，对水利工程建设用地的研究非常少。2011年的中央1号文件，让水利工程又焕发新颜，水利工程的建设对国民经济整体是受益的，但却很少人质疑水利工程的用地，是否该用那么多地，是否有更节约的措施，其淹没损失的真正代价是什么，本书从微观水利工程建设出发，选取比较有代表性的技术经济指标，标准化并确定权重，探索有关水利工程建设用地的集约利用评价，分析其存在的问题和提出相关政策建议，为进一步建立水利工程建设用地指标控制体系提供参考。

第 2 章

文献综述

水资源与土地资源一样都是稀缺性的自然资源。极端气候的频现，水资源时空分布不均，促使人们修坝筑堤，通过水利工程实现对水资源的需求。水资源工程的建设往往是牺牲"小家"换取"大家"，微观层面对被征地区域村、乡的淹没损失，带来耕地资源的锐减，人口的大量搬迁，后靠安置压力紧张，搬迁安置压力大。似乎从微观层面水资源保护与耕地资源保护成为不可调和的矛盾。本书综述梳理了国内关于耕地价值的不同认识，回顾了耕地价值的研究进展，从耕地无价值论到耕地有价值论，从耕地的经济价值论到综合价值论，把原来一直忽略的社会价值、生态价值纳入耕地价值体系，更完整地计算水库淹没耕地价值损失。价值损失计算后应理清征地补偿，与现行征地补偿价格对比，分析现行征地补偿政策的缺陷与不足，意在推动水库移民征地补偿政策的完善，提高现行征地补偿的标准。因此，研究在大中型水利工程影响下区域耕地价值的变化对理解认识该工程具有重要意义。最后，通过国内学者关于基础设施用地集约节约利用有关研究，构建一套适用于微观水利工程的评价指标体系，探索有关水利工程建设用地的集约利用评价，为进一步建立水利工程建设用地指标控制体系提供参考。

2.1　水利工程建设与耕地价值的相关研究

2.1.1　耕地价值构成

　　国内关于耕地价值的内涵仍存在较大争议，一种观点认为耕地无价值;另一种观点则认为耕地有价值。周诚（1992）认为,经过利用的土地包含土地物质价值及资本价值,但未经开发利用的原始土地则没有价值,原始土地作为一种自然物只具备使用价值。王克忠等（1989）认为,土地资源属于自然资源的一种类型,没有凝结人类劳动,所以没有价值;主张有价值论的学者有李金昌（1991）认为,自然资源的价值包含自然资源本身的价值以及人类劳动投入产生的价值两个方面;曲福田（2003）认为,基于资源环境经济学对于耕地价值的理解以及对耕地征用补偿价格实际构成的分析,耕地应该具有直接使用价值、间接使用价值、选择价值以及非使用价值等几个方面。霍雅勤、蔡运龙（2003）根据英国经济学家皮尔斯（Pierce）的观点,通过计算土地的边际生产成本、土地的边际使用成本和边际外部成本,提出耕地价值由实际使用价值、选择价值、存在价值三部分构成,且这三部分价值分别由上述三个成本计算得出。但我们注意到国内的耕地价值观从无价值观主导到更多的学者认同耕地有价值论;已把耕地价值的范畴逐步扩展,从耕地的经济价值研究延伸到耕地的社会价值、生态价值等一系列外部性价值研究。谢建豪（2004）认为,功能决定价值,耕地资源具备三大生产功能：经济功能、社会功能、生态功能,因此,耕地资源总价值应由这三大功能决定的三大价值构成,即经济价值、社会价值、生态价值。

耕地的经济价值,是指利用耕地的土壤肥力产出粮食或其他经济作物而形成的价值,主要通过耕地预期收益的价格来衡量。耕地的社会价值主要是指耕地承担依附在土地上的农民生存发展的功能,大部分学者将我国耕地的社会价值分为社会保障价值和社会稳定价值。其中,社会保障价值表现在对农民生活保障、养老保障、就业保障等基本生存权的保障上,但耕地的社会保障价值会随着生产力的提高和社会的进步、农村社会保障体系的建立和完善呈现逐步淡化的趋势；社会稳定价值则表现在维护国家粮食战略安全性上，确保国家粮食安全，是我国维护社会稳定和促进经济发展的前提和基础。

2.1.2 耕地价值研究方法

耕地的经济价值是研究最为广泛的一种价值。在国外，农地价格评估常使用收益还原法、成本核算法、土壤潜力评估法、市场比较法、数学建模等方法（见表2-1）。在国内，20世纪90年代农地价格评估工作开始兴起并推广，相关估价方法得到应用和发展，这一时期出台的我国《农用地估价规程》（TD/T1006-2003）中，提到了收益还原法、成本估价法、剩余估价法、市场比较法、计分评估法及基准地价系数修正法是较常用的农地估价方法。耕地资源价值及其重要性得到越来越多理论与实践层面的重视与支持，多学科评估的技术和方法引入耕地资源价值及相关领域研究中，并得到了大力研究和快速发展。

收益还原法在我国目前耕地经济价值测算中是一种普及率高且有坚实理论基础支撑、受众多学者认可的方法，该方法有完善的估价思路和成熟的操作模式。但任何方法都有其适用性和局限性，大量案例研究表明，该方法受到以下因素限制：首先，该方法以现状耕地纯收益代替未来耕地纯收益，有损结果的科学性和准确性；其次，待估对象拥有完整、详细、准确的投入产出资料才能准确计算耕地的年净收益，但资料的获取受各种条件的制约。除收益还原法外，成本估价法、市场比较估价法、标准田法、基准地价系数修正法、土壤潜力评估法、数学建模等方法也广泛应用于经济价值的测算中。

表 2-1　　　　　　　　　常用耕地价值评估方法

名称	适用性	评价
市场比较法	土地市场发达和耕地交易案例丰富	该方法难以应用于没有耕地流转交易区域
标准田法	适用于土地管理工作基础较好、已开展农用地分等定级的区域	标准田法在实际使用中具有诸多优势,一方面采用收益还原法会使耕地纯收益的测算误差和工作量都大大减少,因为要估价的标准田块数量是少量和有限的;另一方面,标准田法以耕地质量为基础,选取的典型田块考虑了质量差异,符合耕地的基本属性。但该方法不太适合土地管理基础工作薄弱的地区
成本估价法	一般情况下只适用于新开发耕地的价值评估	一是该方法的适用范围比较有限;二是在运用时,以成本为考量重点,忽略了耕地效用这一决定着耕地价值的重要因素。也就是说,该方法不能很好体现出不同耕地地块因水资源及气候、地理位置、交通和区位、土壤性质等方面存在的差异性所带来的收益能力的不同,从而导致出现开发劣等地和开发优等地由于开发费用基本相同(农地配套工程费用)而得出相同评估价格的结论。但事实上,开发劣等地和开发优等地,其收益差异显而易见。所以,成本估价法在实际应用中有其局限性。但是在市场资料不可用、成交案例少、农地市场不健全的情况下,该方法亦可使用
基准地价系数修正法	拥有农地基准地价和基准地价修正系数表等评估成果的区域	该方法要求以级别基准地价为基础,在没有完成农地分等定级工作的区域难以采用
土壤潜力评估法	拥有土壤等相关基础资料的区域	该方法把测算耕地价值建立在耕地自然生产潜力上,因此,在社会经济环境保持一致性的区域使用该方法时,具有较好的应用价值,但当社会经济环境条件差异明显时,则采用该方法估算的不同区域的价格就缺乏可比性
数学建模法	基于大量的市场交易案例	与普适性的收益还原法相比,数学模型法更加注重实证研究,评价结果具有更强大的说服力

耕地资源社会功能可以归纳为社会稳定和社会保障两大方面。社会稳定价值指由于耕地提供粮食安全而带来的社会稳定效应产生的价值，耕地的社会稳定价值可以用耕地开垦费来衡量。社会保障价值包括基本生活保障、养老保障、失业保障和医疗保障。有学者分别计算四种保障缴纳所需成本然后求和，得到社会保障价值。《土地管理法》中采用安置补助费用于计算社会保障价值。但重庆征地补偿有关条例中将土地补偿费的80%和安置补助费的50%部分用于缴纳社会养老保险。现阶段，主流的做法是用养老保险代替社会保障价值方法，该方法已得到普遍应用。但也有学者提出保留意见，认为该方法只有在以下一种情况下才基本可用，即"只有在政府仅为城镇居民提供大部分社会保险而不为农村人口提供社会保险的情况下"，且需扣除城镇居民社会保险基金中居民已购买部分。

耕地生态价值的测算在国外主要以条件价值评估或意愿调查法（Contingent Valuation Method，CVM）为主。意愿调查法指通过对公众调查或询问，了解他们对环境改善或资源保护的支付意愿（WTP）或对环境或资源损失的接受赔偿意愿（WTA），然后计算公众的WTP或WTA来估算环境改善或损失的经济价值，是一种典型的陈述偏好评估方法。意愿调查法首先出现在美国，始于Davis（1963）采用该方法对林地宿营、狩猎的修养娱乐价值进行研究。此后，关于意愿调查理论及方法的实践越来越多。截止到1995年，意愿调查法研究已在全球50多个国家开展，相关研究多达2 000多项，公开发表的就有1 600余项。此后，在发展中国家意愿调查法研究开始大量进行，到2001年，意愿调查法已在世界上100多个国家开展，研究案例超过5 000个。Ridker、Hanemann分别使用意愿调查法直接调查和当面询问了人们为避免烟雾粉尘污染、改善波士顿地区水体质量的支付意愿，Darling使用意愿调查法评价了美国加州三个城区公园的环境适宜价值，Takatsuka Yuki 等使用意愿调查法评估了耕地生态服务价值。

表 2-2　国外采用意愿调查法（CVM）对农耕地的外部效益评估部分研究

研究人员	评估方法	评估内容
霍尔斯特德	意愿调查法	马萨诸塞州的农田非市场效益
伯格斯特、第耳曼、斯托尔（Bergstorm、Dillman、Stoll）	意愿调查法	南卡罗来纳州的农田环境舒适效益
德雷克（Drake）	意愿调查法	瑞典的农田景观
比斯利、威廉（Beasley, williams）	意愿调查法	阿拉斯加的农田环境舒适效益
布鲁克纳（Pruckner）	意愿调查法	奥地利耕地景观价值
沃丁顿（Waddington）	意愿调查法	宾夕法尼亚州的耕地景观价值
罗森博格（Rosenberger）	意愿调查法	草地非市场价值评估

2.1.3　耕地价值实证研究

黄贤金（1999）以江苏省为例，采用净产值还原法进行耕地价值测算，计算得到的 1997~1999 年单位耕地面积价格分别为 307 461 元/公顷、329 856 元/公顷和 352 250 元/公顷；采用实物倍数法计算的区间地价则为 95 327 元/公顷。车裕斌（2004）认为，耕地的生态价值是指耕地作为环境生态系统的组成单元，具备气候调节、洁净空气、环境美化及生物多样性保持等多方面价值。Daily（1997）、Costanza（1997）、De Groot（2002）等学者对"生态服务功能"作了定义。谢高地等（2003）邀请我国多位生态学者进行问卷访问，制订出"我国生态系统生态服务价值当量因子表"和"我国不同陆地生态系统单位面积生态服务价值表"。蔡运龙等（2006）分别选择广东省潮安县、河南省淮阳县和甘肃省会宁县作为典型样本，研究结果显示，耕地资源价值量在地区之间呈现东高西低的差异;在耕地资源价值构成中,社会保障价值在三个案例区所占比例均较高,都占 60% 以上,但所占比重从东到西渐增,意味着农民对耕地资源的依赖程度与社会经济发展水平呈反相关关系。陈丽等(2006)选择山西省柳林县耕地作为研究案例,以耕地资源社会价值的构成为出发点,按照耕地的社会价值和功能,综合使用分解求和、替代法、影子价格等方法,分别从基本生活保障、农民失业保障、社会稳定三个方面对耕地进行价值测算。测算结果显示,柳林县耕地的社会价值总量为 152.52×10^8 元,相当于该县当年耕地征用价格的 10 倍多,说明耕地社会价值巨大,且在耕地总价值中占有十分重要的地位。高楠等(2009)选取黑龙江省为研究区域,从耕地自身安全、经济安全、社会安全及生态安全几个方面,构建耕地安全评价指标体系,采用层次分析法定量分析和综合评价了黑龙江省 1998~2007 年耕地安全状态。研究结果显示,耕地的社会功能与生态功能变动趋势与综合评价值趋势相一致。曹志宏等(2009)认为,耕地经营的经济收入远不能体现耕地应有的价值。根据耕地资源的经济功能、生态功能和社会功能采用市场价值法、恢复费用法及机会成本法,以黄淮海地区为研究样本,计算该区域耕地经济、社会和生态价值。研究结果显示,耕地的经济价值、生态价值和社会价值的比值大约为 1∶2∶3,因此耕地现有市场价值远远不能完整体现耕地资源价值。周建春(2007)结合产权理论,分析了我国耕地产权及耕地价值的构成,认为耕地价值包括生产资料用途的价值、农民生存保障价值、耕地发展权价值、生态安全及粮食安全价值。霍雅勤、蔡运龙(2007)认为,土地价值包括:理论构成(存在、选择及使用价值)、量化构成(边际生产成本、边际使用者成本、边际外部成本)。

2.1.4　水利工程与耕地价值

虽然现在人们普遍认识到了耕地具有多功能性，具有生产功能（经济价值）、生态服务功能（生态价值）和社会保障功能（社会价值），但在现行体制下，耕地征用价值补偿中仍主要考虑了经济价值和部分社会价值，没有有关耕地生态价值补偿的相关规定。许多学者将耕地价值研究与征地补偿价格联系在一起。

罗文光（2006）认为，应在耕地征用价值补偿体系中增加生态补偿费。张飞（2009）等认为，可以通过向占用耕地者征收耕地生态补偿费的形式实现耕地生态价值补偿。通过把具有外部性的生态服务功能价值纳入到价值补偿体系中实现内部化，一方面可以增加占用耕地的成本，提高耕地的比较效益，从而扼制耕地的快速流失；另一方面可以提高人类的耕地生态环境保护意识，促进人类对耕地的合理利用和积极保护。段跃芳（2003）等认为，现阶段水利水电工程建设征用对土地资源的评估的方法不尽合理，目前按土地收益倍数法计算淹没土地的补偿费和安置补助费，难以反映土地的真实价值，应该根据土地的收益价格和量化的社会保障价值确定淹没土地的价值。因此，未得到完全补偿的土地资源的价值应转化为移民对工程的投入。杨文健（2004）等认为，对于受淹土地价值的评估，现行的收益倍数法低估了土地的价值，土地对移民的价值主要体现在社会保障价值方面，同时对社会保障价值进行了分析与计算。对移民的损失进行补偿时应包括有形损失的补偿及无形损失的补偿，不能只以有形损失为依据，而忽视了移民无形的社会损失也是移民损失的重要组成部分。只有分配了与移民的真实损失相匹配的移民补偿资金，移民经济社会系统的重建才有可靠的基础。

龚碧凯、邓良基等以黄金坪水电站为例，采用碳税法、造林成本法以及工业氧价格替代法计算气体调节功能价值，并采用多种功能方法计算水土保持价值。黄金坪水电站水库淹没区一级至四级耕地生态服务功能价值分别为 11.8 元/m^2、9.76 元/m^2、7.82 元/m^2 和 6.19 元/m^2。其中，一级至四级耕地单位面积气体调节价值分别为 1.89 元/m^2、1.71 元/m^2、1.42 元/m^2 和 1.24 元/m^2，一级至四级耕地单位面积保持水土价值分别为 9.91 元/m^2、8.05 元/m^2、6.40 元/m^2 和 4.95 元/m^2。

吴兆娟（2011）以三峡水利工程重庆库区为例，研究在三峡工程影响下，随着库区优质耕地被淹没，库区耕地质量受到影响，反映耕地质量的地均粮食产量指标在 2006 年、2008 年分别呈下降趋势。而为保证移民搬迁后生活水平不降低，必须通过增加土地投入、改变种植结构来增加土地经济产出。张贞等（2010）则以土地整理工程为宏观胁迫，对项目整理前后农业生态系统功能的量化进行描述，采用成本效益分析法阐释生态系统功能的经济学意义。黄莉等（2008）认为水利工程建设征收土地并非土地的损失，而是更高价值的开发利用，是土地价值形式的转化。

2.2 大中型水利工程征地补偿的相关研究

2.2.1 国外非自愿移民政策研究

大中型水利工程的建设往往带来巨大的社会效益和国民经济效益，

但也带来巨大的淹没损失和人口搬迁。水利工程移民包括生产安置移民和搬迁安置移民。水库搬迁移民是典型的非自愿移民，是工程胁迫下的强制性移民。非自愿移民并不是我国特有的一个现象，实际上普遍存在于发展中国家。国外关于水库移民补偿安置理论研究主要集中于移民规划的科学性和补偿程序的有效性。针对农村工程移民，世界银行推荐以土地换土地的安置策略，认为单纯的现金补偿往往是不完善及不充足的。国务院发布的《大中型水利水电工程建设征地补偿和移民安置条例》(国务院471号令)指出，水库移民实行开发性移民方针，采取前期补偿、补助与后期扶持相结合的办法，实行以大农业土地安置为主的政策，实际上也响应了世界银行"以地换地"的策略。

　　世界银行发现，许多发展中国家的土地市场和劳动力市场是不完善的，没有由国家拨款的财产赔偿体系、赔偿程序的不完整以及社会保障体系的欠缺，使得许多发展中国家对受影响人员财产损失只进行单纯的现金赔偿，这实际上不能使移民安置收到令人满意的效果。世界银行于1980年后形成了较为完善的指导移民的业务指南《世界银行业务导则4.30——非自愿移民》，进一步明确了世界银行移民安置政策的原则、总目标和分目标等，是世界银行移民贷款项目的纲领性文件。在2001年11月，世界银行对《世界银行业务导则4.30——非自愿移民》修改的基础上，发布了新的非自愿移民政策——《世界银行业务导则4.12——非自愿移民》。世界移民网络 IDRN 主席 Downing 指出，那种认为现有补偿可以为移民搬迁后生计恢复，实现可持续发展铺设康庄大道的经济学逻辑是错误的。世界银行移民专家迈克尔·M.塞尼指出，让移民当家做主是做好移民工作的关键，如果移民积极主动地参与，冲突和延误就会减少，移民更满意，更能增加长期稳定。其于20世纪90年代中期提出了移民贫困风险模型即 IRR 模型，由三个基本概念——

风险（Risks）、贫困（Impoverishment）和重建（Reconstruction）组成，推进了对非自愿移民的特性、各个变量的内部联系以及相应的社会经济防范措施的理解。美国约翰—霍普金斯大学莱斯特·萨拉蒙（Lester Salamon）教授提出的五特征法，即将具有以下五个特征的组织界定为非政府组织：组织性、非政府性、非营利性、自治性、志愿性，鼓励完善非政府组织的社会服务来弥补政府和市场在移民补偿安置的不足。

移民补偿政策在世界银行的移民政策中处于核心地位。根据2001年世界银行发布的世界银行业务手册操作政策，世界银行移民政策的要点主要包括：

第一，首先应采取各种办法在可行的范围内尽量避免移民搬迁。当移民搬迁不可避免时，要尽可能减少移民的数量。要考虑所有可行的替代方案，采用某些技术手段或工程措施如重新定线道路规划或降低大坝设计高度来减少移民。非自愿移民的开发项目，一般伴随着严重的经济、社会及环境问题。原有的生产体系遭到破坏，生产性财产及收入来源灭失；人们被安置到一个新的环境中，而新的环境可能使他们的生产技能不能充分发挥，而且资源竞争程度可能更加激烈；乡村原有的组织架构和人际关系网被削弱，家族群体分散化，文化特征、传统势力以及潜在的互助作用都减弱了。因此，世界银行认为实施移民工程需要非常谨慎及科学的态度。但在移民搬迁不可避免的情况下，就应当在工程规划时，考虑所有可行方案，尽量减少工程移民的数量。

第二，因为非自愿搬迁使得原来生产体系和生活方式遭到彻底破坏，因此，所有的搬迁计划必须同时也是开发计划，两者应完整融合。对于从农业环境中迁出的人口，应该优先考虑以土地为基础的安置策略，使得他们尽快融入新的农业环境中。非土地安置策略适合如土地资源稀缺、土地获得困难等情况，此时，应为移民提供合适的就业机会或自寻就业机会等。世界银行鼓励和提倡"以土地补偿土地"的安置方法，要求提供的土地不管从质量还是数量应至少等同于丧失的土地，即从总体而言，以土地为基础的移民安置应使新移民区域的生产潜力和地区优势至少等同于原居住区域。在所选择的安置区，必须注意副业收入来源的现实性，以补充农业收入。对于城镇移民来说，新的居民区应该保证有能够与原居民区相当的基础设施、社会服务、生产机会、就业机会等。关于就业，对非农业移民或者所提供的土地不能充分满足从事农业的移民而言，就需制定和安排可供选择的就业方案。在可能的条件下，移民安置计划应探索新的经济活动对策，即通过项目本身（移民的主体工程项目）为移民创造就业机会。关于职业培训和相关扶持政策等，世界银行还要求全面考虑职业培训、就业咨询、到岗交通、其他经济实体在安置区投资政策支持，对移民经商或发展养殖业给予优惠贷款等。关于安置区居民内的融合问题，大多数移民愿意随同以前的集体、邻居或家庭群体搬迁。以群体方式迁移人口、减少分散性，对于维持原有的群体形式、保留文化习俗等有促进作用，并且可以提高移民安置的接纳度，缓冲由移民引起的各种矛盾。

第三，鼓励移民和移民社区居民的参与性。移民安置和生计恢复规划的可行性很大程度上依赖于移民的参与，具体项目下的移民安置方案和移民安置计划，对移民社区及失地农民的发展及其生产、生活水平的恢复有直接和深远的影响，是对移民的未来作出关键性的决定。因此，世界银行认为："进行规划的机构必须本着科学务实的态度和对移民负责的精神征求移民者的意见及参与。"世界银行的指南特别建议："在各种移民方案的社会和经济问题方面，应直接地或间接通过正式或非正式领导人、移民社区代表或非政府机构来广泛征求移民者的意见。这样做可以更加充分认识和了解他们的真实需要、资源禀赋和意愿选择，防止规划失误所付出的昂贵代价,减少可以理解的、对移民的抵触与移民有关的压力,从而加快向新移民区的过渡和在新地点的聚合过程。"

第四,移民应在经济上和社会上与安置区居民保持一致,并将对安置区居民的不利影响限制在最低程度。实现这种融合的最佳途径是将移民安置设定在工程的受益区域,并事先与安置区的居民进行协商并达成一致。对受工程不利影响的所有人员应该提供合理补偿和妥善安置,使他们能分享工程项目带来的效益。对脆弱群体和特殊群体,如处于贫困线以下的居民、没有土地的农民、老弱妇孺、土著居民、少数民族等,要给予特别关照。当投资项目对少数民族有影响时,要想取得该项目,借款方应制定完善的专项发展计划。任何对少数民族有影响的项目,应列入包括此种计划的内容或条款。借款方的计划经世界银行审查通过后,世界银行才能对项目作出评估。世界银行对待少数民族人民移民的总体目标是要保证在开发项目的同时,对他们的尊严、人权和文化特色的足够尊重。世界银行的移民政策是要保证,少数民族移民在实施世界银行贷款项目的过程中及项目实施后,不会受到不利影响,并使他们享受到文化上相容的社会及经济利益。

2.2.2 国内水库移民补偿政策的发展与完善

由于我国实行开发性移民方针,采取前期补偿补助与后期扶持相结合的办法,因此,水库移民政策的基本内容包括补偿政策、安置政策和后期扶持政策三部分。补偿政策是对补偿的范围、对象、项目和标准所作的规定;安置政策是对移民安置的方式、去向、安置标准、安置目标、安置程序、安置效果所作的规定;后期扶持政策是对移民搬迁后的扶持范围、扶持对象、扶持方式、扶持标准、扶持期限、扶持项目所作的规定。前期补偿补助和安置政策主要体现在国务院于2006年颁布的《大中型水利水电工程建设征地补偿和移民安置条例》（国务院471号令）中，成为指导我国水库移民征地补偿、搬迁安置的纲领性文件；后期扶持是中国从计划经济向市场经济过渡时期实行的一项特殊政策，主要体现在国务院2006年印发的《关于完善大中型水库移民后期扶持政策的意见》等一系列规范性文件中。这项政策既体现了中国政府对移民负责到底的精神，也体现了分享工程效益的原则，为提高移民生产生活水平和维护社会稳定起到了极为重要的作用。

水库移民政策是一个动态的活动过程，是特定时期水利水电资源开发中相关群体利益分配和调整的政治措施。新中国成立以来，从1953年第一部土地征地法规到2006年移民安置条例的修订，我国水库移民政策伴随着国家经济体制由计划经济向市场经济的重大改变，经历了探索、形成、发展和完善的历史过程。

水库移民政策的探索时期（1953~1982年）：实行高度集中统一的指令性计划经济体制，水库移民工作执行通用法规中征地补偿的有关规定。主要以党和政府的相关文件精神为依据，没有专门的移民法规、统一的设计规范、合理的补偿标准。这个时期的移民政策体现了计划经济体制下突出的行政手段特征，并呈现出多样化特点，导致移民安置出现了大量历史遗留问题。

初步形成时期（1982~1991年）：以国务院颁布的《国家建设征用土地条例》为标志，国家开始了对水库移民专项法规的研究和制定工作，提出了一系列移民安置的方针政策和措施，并于1991年正式颁布了我国第一部水库移民安置的专项法规（74号令），实现了水库移民工作从适用普适性法规向适用专业性法规的历史转变。

2006年，国务院对水利水电工程征地补偿和移民安置政策进行了全面调整和完善,标志着我国水库移民政策和实施工作进入了全新的历史时期。其重要标志是移民安置条例的修订和后期扶持政策的改革完善。由于原移民安置条例确定的征地补偿标准低,土地管理法修订后虽然有所提高,但基本采用的都是法定的下限或中限标准,且各地补偿标准不一致,导致移民心里不平衡或相互攀比,库区社会矛盾突出。

目前,我国水库移民征地补偿政策已形成一系列相对完整的政策体系,从《大中型水利水电工程建设征地补偿和移民安置条例》(国务院471号令)、《关于完善大中型水库移民后期扶持政策的意见》,到各省市配套471号令而制定的各省市文件,重庆市先后颁布《〈大中型水利水电工程建设征地补偿和移民安置条例〉的通知》(渝府发［2007］64号)、《〈大中型水利水电工程建设征地补偿和移民安置条例〉有关问题的补充通知》(渝府发［2008］128号)。政策体系的完善,也让水库移民与其他被拆迁移民"与众不同"。

2.2.3 国内水库移民补偿政策的实证

国务院471号令规定,大中型水利、水电工程建设征收耕地的,土地补偿费和安置补助费之和为该耕地被征收前三年平均年产值的16倍。采用平均亩产值倍数法一直饱受我国学者的争议。

李光禄等(2002)认为,现行的土地补偿费和安置补助费标准,严重低估了土地的实际价值,导致移民补偿投资缺口严重,大量移民的基本生产及生活条件无法得到恢复和应有的改善,由农村移民安置引发的贫困问题风险极高,必须深入研究科学、合理的土地损失评估方法。刘慧芳(2000)认为,现行我国农地价格不仅仅包括经济价值,也包括社会保障价值和生态价值,理应在征地补偿价值中体现。李强、陶传进（2001）认为，工程移民具有高度依靠性和消极被动性，在移民搬迁的收益低于成本的情况下，很难实现移民由非自愿搬迁向自愿搬迁的转变。在实践中，通过加大优惠政策力度而提高搬迁的吸引力，或者在实际补偿有限的情况下，通过对安置未来前景的宣传，提高移民对未来的期望值水平，可能增加移民搬迁的动力。但从目前实施的情况看，移民实际搬迁的结果与移民的期望值往往相差甚远，移民已经承受了相当大的货币成本支出，但所能获得的收益却具有相当程度的不确定性。大规模的移民搬迁破坏了移民原来的社会经济生态系统，给移民现实的造成了巨大的物质与精神损失，因此，如何对移民的损失进行科学界定是制定移民补偿政策的一个首要问题。目前有一些学者对移民淹没影响、土地损失、工矿企业的财产损失作了探讨。施国庆等（2000）认为，若仅依据移民的财产损失给予移民有限的现金补偿是非常不充分的，因为重新启动一个新的社会经济系统所需投资更为巨大，必须以改善和提高移民的生活水平作为确定对移民进行补偿的基本依据。在探讨移民淹没损失的同时，学术界对移民补偿方式、移民补偿与发展的关系等问题做了一定的研究。贺丹等（2012）在阿玛蒂亚·森的可行能力框架下对水库移民安置区土地流转过程中安置区居民福利的变化进行了研究。使用模糊综合评判法对三个水库安置区居民土地流转前后福利的变化进行衡量。刘灵辉（2010）利用在紫坪铺水库、瀑布沟水电站、皂市水利枢纽工程、潘口水电站和南水北调中线工程移民区和安置区的调查问卷、访谈资料以及收集到的移民安置规划报告等资料，对水库移民安置区土地流转补偿标准和补偿资金分配的现状进行了研究。叶健（2010）提出利用综合剩余法及收益还原法来创新适合水库移民土地评估的有效方法。为了把握土地价值，首先要确定水电项目的总体效益，利用剩余法推算出水库移民土地的总体价值，然后根据土地性质及特点各异，以收益还原法来正面计算出各土地的生产功能价值。在此基础上，最后利用系统工程学中加权平均法来进行土地价值的平衡，确定土地实际价值，即水库移民土地经营权的价格体现。

土地价值体现为土地基本价格和土地收益价格的综合值，需要强调的是，土地基本价格是指土地的基本平均价格，以共享水电项目收益的原则进行确定。土地的基本价格具有一致性，其理论依据在于土地共同的用途需求，水电站的淹没用地是用来做水库蓄水发电之用，而根本不在乎所流转土地的性质，水田还是旱地、平地还是坡地。土地的用途决定了土地的基本价，而土地之间相互各异，为了有效区别其内在价值，以土地的正常纯收益进行累计并折现进行考虑。土地的外在效益和内在价值在本公式中得到了统一，体现了淹没土地的一般性和特殊性，然后再综合这两者的权重得出土地价值。因此，水库移民土地价值评价模型能有效平衡水电共享收益和土地客观纯收益，同时具备可行性和可操作性。陈春节（2013）等认为，现行补偿标准既没有充分考虑失地农民安置和社会保障问题，也没有考虑土地转换用途后的巨额增值收益的分配问题。现行征地补偿包括土地资源价值、土地社会保障价值、土地平均增值收益三部分。颜朝辉（2006）认为，按照现行法律规定，国家征用土地时所作的赔偿仅仅是原用途的使用价值，主要表现为种植业的产值，其他的功能和使用价值被忽略，要保障失地农民的合法利益，则应该公平给予农民在这些权利上合理补偿。赵文元等（2013）认为，重庆市现行征地补偿安置制度存在的不足主要表现为：补偿范围过窄，补偿标准偏低，被征地农民长远生计无充分保障以及土地补偿费分配方案制定的法律规制的缺失等。新的征地补偿测算标准应以该被征土地在土地市场中应有的资本性价值和原有的社会保障性价值为基础，参照同类城市国有土地的出让价格，并充分考虑政府的征地成本与所应得的土地发展利益，以确定土地征收补偿费。

　　陈战武（2007）以土地被征用前三年平均亩产值作为补偿补助的依据存在以下几个方面的不足：第一，以土地净产值为基础补偿比以亩产值更科学。第二，应以现实社会经济条件下征用土地的预期生产潜力为基础补偿（即以农用地现实利用水平和经济效益为基础补偿），而不是以现实社会经济条件下可以达到的实际生产能力为依据。第三，对于果园、塘地、林地等具有多年生长周期的土地，按其亩产值的一定倍数补偿实际上是将土地和土地上的附着物结合在一起补偿，这样缺乏科学性。周少林等（1999）指出移民补偿方式包括两种基本类型，即经济性（实物）补偿和政策性补偿。他认为，经济性补偿是移民安置的基础，有利于短期内移民安置和移民的稳定；政策性补偿是移民发展的保证，有利于库区中、长期发展和安置区移民生产、生活的恢复和改善。经济性补偿适应计划经济体制，政策性补偿可满足社会主义市场经济的需要。傅秀堂（1995）对补偿与发展的关系作了一定的探讨，认为补偿与发展之间的关系没有理顺，充满模糊性。这种主管部门管理及资金使用的不统一表现为"补偿中含有发展，发展中含有补偿"。按照移民安置规划计算出来的投资包括补偿投资和发展投资，其中补偿投资由移民主管部门提供，而发展投资按权属或由地方政府和部门或由个人承担。杨灿明等（2001）研究了政府对水利水电工程的外部性校正方式对移民补偿标准和范围的影响，指出移民补偿不足的原因：存在政府行为的政府成本—收益约束与社会成本—收益约束不对称、中央政府行为与地方政府行为的社会成本—收益约束不对称。

2.3 水利用地项目集约利用研究

土地集约利用最早来自古典经济学，杜尔格、李嘉图等在研究农业地租问题中，研究发现农地的土地报酬递减规律，李嘉图等认为农地集约利用是指在一定单位面积土地上，集中投入较多的生产资料和劳动、使用先进的技术和管理方法，以求在较小面积土地上获取高额收入的一种农业经营方式。20 世纪初，美国著名土地经济学家理查德·T. 伊利在其著作《土地经济学原理》中指出：土地资源利用的集约就是对已利用的土地增加劳力和资本。1909 年德国经济学家韦伯（Weber）编著了《工业区位论》，从运输成本、劳动力成本和集聚因素角度出发，研究了城市建设中工业的选址及布局，其中也提及土地资源配置的优化问题。

20 世纪 90 年代末，美国为促进土地的集约优化利用，提出了较完整的精明增长理论，并确定了精明增长的十条原则：土地混合使用；创造适合步行的街区；提供多种交通选择；增加居住机会；培养特色鲜明和吸引力明显的社区；采用紧凑的建筑设计；保护开敞空间、农地、自然美景及濒危环境地区；加强引导现有社区的发展；使发展决策具有可预见性、公平性和成本效益性；鼓励社区与投资者在发展决策中的合作。

国内许多学者在土地集约利用基础理论、评价方法和指标体系构建、土地集约利用模式等方面进行了深入的研究。研究的重点是城镇建设用地和工业用地，对基础设施建设用地方面集约利用研究较少。通过

CNKI 中国期刊全文数据库进行检索，篇名＝"土地集约利用"or"篇名＝用地集约利用"有 3 025 篇，基础设施集约节约用地研究仅为 172 篇。第一以公路交通运输用地研究为主，检索到相关文献 95 篇。韩晓宇（2009）基于人本经济视角，对公路建设集约用地评价进行框架设计，充分考虑公路建设用地的结构、功能、效益三方面，提出了公路用地集约利用评价的中观偏微观理论框架。汤怀志（2011）以河南为研究样本，尝试与探讨了区域高速公路集约评级与优化问题，提出公路建设项目节地技术方法研究，并设计相关辅助系统进行控制。能源用地的研究，有相关文献 70 篇。徐慧等（2010）以江阴市电力行业用地为实例，通过 AHP 方法和聚类分析方法，对江阴市电力行业用地进行集约评价，文章建议应从市场机制、政策导向、技术创新等方法构建电力行业土地集约利用框架体系。而研究水利基础设施用地仅有 7 篇。根据国土资源 2011 年公报，单独选址建设用地中，交通运输用地占 58.8%，水利设施用地占 22.1%，能源用地占 11.4%，其他占 7.7%；从基础设施建设用地比重来看，每年我国水利设施用地占地面积较大，但关于水利基础设施用地集约节约用地研究却甚少。随着大规模的水利工程建设，关于水利基础设施用地的集约利用研究已迫在眉睫。

关于水利工程集约节约用地评价主要集中在微观层面。骆文光（1998）通过分析水利水电工程的用地特点，从蓄水工程坝址选择、坝型比较、蓄水深度等需作多方案论证，择优选定，以提高单位面积的蓄水量来满足工程需要或扩大工程效益。在渠线布置上，充分利用地形条件，提高渡槽、隧洞比例，少绕线占地。敖登高娃（2008）通过建立时间序列 GM 模型，预测内蒙古 2010 年和 2020 年水利设施用地的规模和需求量，预测结果与内蒙古社会经济发展需求一致。陈天晓（2012）

通过对湖南省益阳市赫山区的实证分析，调查了该区域水利设施用地的基本情况，对其中闲置用地状况进行了分析，提出水利设施用地的综合利用效率评价体系及方法、闲置水利设施用地整理的具体方案和措施，最终获得水利设施用地综合利用效率评价结果。

第 3 章
相关概念的界定及理论基础

3.1 基本概念界定

3.1.1 水利用地的概念及范围

根据《水利水电工程建设征地移民安置规划设计规范》(SL290—2009)的有关规定,大中型水利工程用地范围包括水库淹没区、水库影响区、大坝枢纽区和灌溉供水区。

(1)水库淹没区,根据水库运行20年后泥沙淤积情况,按各自淹没对象确定的洪水设计标准,按正常蓄水位+安全超高值接相应洪水回水标准确定淹没范围。

(2)水库影响区是指受水库蓄水影响,产生的浸没、滑坡、坍岸等影响范围。

(3)大坝枢纽区是根据《水库工程管理设计规范》(SL106—96)确定的管理范围进行永久征地。

(4)灌溉供水区指的是根据灌溉渠系和供水管道布置,结合工程管理范围确定的永久征地范围。

水利建设用地按照上述划定的范围,在我国国标《土地利用现状分类》(GB/T 21010—2007)中属于第11个一级类水域及水利设施用地中的第3个二级类和第8个二级类,地类编码分别为113水库水面、118水工建筑用地。

3.1.2　水利用地的内涵辨析

水利建设用地概念伴随着土地利用现状分类的发展不断发生变化，并不是一成不变的。最早可以追溯到 1984 年由全国农业区划委员会颁布的《全国土地利用现状调查技术规程》中制定的"土地利用现状分类及其含义"，水利建设用地包括第 7 类水域中 73 水库水面、77 沟渠（人工修建，用于排灌的沟渠，包括渠槽、渠堤、取土坑、护堤林。指南方宽≥1 米、北方宽≥2 米的沟渠）、78 水工建筑用地。到 2002 年，为了适应土地用途管理的需要，有效实施城乡地政统一管理，国土资源部在 1984 年"土地利用现状分类及其含义"和 1989 年"城镇土地分类及含义"两个土地分类基础上，制定了城乡统一的"全国土地分类"（试行）和"全国土地分类"（过渡期间适用），也就是通常所称的"三大类土地分类"。在三大类的归类中，统一归类为建设用地下面的水利建设用地（27）。地类编码分别为 271 水库水面、272 水工建筑用地。2011 年，《土地利用现状分类》（GB/T 21010-2007）中将水利设施用地归类为水库水面和水工建筑用地。

根据《水利水电工程建设用地设计标准》，水工建筑物用地包括水库枢纽占地、堤防用地、灌溉渠道及排水沟用地、水闸用地、泵站用地等。

3.1.3　水利水电工程分等定级

根据水利水电工程的分等定级，通常按水库蓄水量 10 万立方米以上的水利工程纳入水利水电工程，中型水库工程以库容大于 1 000 万立方米为基准，大型水库工程以库容大于 1 亿立方米为限。

表 3-1　　　　　水利水电工程分等指标　　　　　表 1F411021-1

工程等别	工程规模	水库总库容 ($10^8 M^3$)	防洪		治涝	灌溉	供水	发电
			保护城镇及工矿企业的重要性	保护农田 (10^4 亩)	治涝面积 (10^4 亩)	灌溉面积 (10^4 亩)	供水对象重要性	装机容量 (10^4 KW)
I	大（1）型	≥10	特别重要	≥500	≥200	≥150	特别重要	≥120
II	大（2）型	10～1.0	重要	500～100	200～60	150～50	重要	120～30
III	中型	1.0～0.1	中等	100～30	60～15	50～5	中等	30～5
IV	小（1）型	0.1～0.01	一般	30～5	15～3	5～0.5	一般	5～1
V	小（2）型	0.01～0.001		<5	<3	<0.5		<1

注：(1) 水库总库容指水库最高洪水位以下的静库容；
　　(2) 治涝面积和灌溉面积均指涉及面积。

3.1.4　耕地与耕地功能

2001 年国土资源部颁布的《土地分类》规定，耕地指种植农作物的土地，包括熟地、新开发复垦整理地、休闲地、轮歇地、草田轮作地；以种植农作物为主，间有零星果树、桑树或其他树木的土地；平均每年能保证收获一季的已垦滩地和海涂。耕地中还包括南方宽 <1.0 米、北方宽 <2.0 米的沟、渠、路和田埂。具体又可分为 5 种：灌溉水田、望天田、水浇地、旱地、菜地。

《土地利用现状分类》（GB/T 21010-2007）中关于耕地的定义是指："种植农作物的土地，包括熟地，新开发、复垦、整理地，休闲地（含轮歇地、轮作地）；以种植农作物（含蔬菜）为主，间有零星果树、桑树或其他树木的土地；平均每年能保证收获一季的已垦滩地和海涂。耕地中包括南方宽度 <1.0 米、北方宽度 <2.0 米固定的沟、渠、路和

地坎（埂）；临时种植药材、草皮、花卉、苗木等的耕地，以及其他临时改变用途的耕地。"下一级包括 011 水田（指用于种植水稻、莲藕等水生农作物的耕地。包括实行水生、旱生农作物轮种的耕地）、012 水浇地（指有水源保证和灌溉设施，在一般年景能正常灌溉，种植旱生农作物的耕地。包括种植蔬菜等的非工厂化的大棚用地）和 013 旱地（指无灌溉设施，主要靠天然降水种植旱生农作物的耕地，包括没有灌溉设施，仅靠引洪淤灌的耕地）。

耕地功能，具体指耕地能够满足人们在经济、社会和生态方面需要的功效。按照最具通用性的分类方式，耕地功能可分为耕地的经济功能、社会功能及生态功能。经济功能指耕地在利用的过程中产生的经济功效，包括农产品或经济作物的产出；社会功能指耕地在利用过程中发挥的社会功效，如粮食安全、就业、养老等功能；生态功能指耕地在利用过程中带来的生态功效，包括环境调节、净化、美化及生物多样性保持等功能。

3.1.5 水利工程建设征占用土地的方式

从占地性质进行划分，可分为工程永久占地与工程临时占地。如大坝、库区、管线等建筑物占地为永久占地；如施工道路、临时设施、临时生活区、渣场、取料场等一般作为临时用地。

水利工程的永久占地分为直接永久占地和间接永久占地。直接永久占地包括大坝工程区永久占地、水库淹没区永久占地和灌溉供水工程区永久占地。间接永久占地则包括移民迁建用地（包括集镇迁建用地和移民安置居民点用地）、专项设施迁建用地（复建公路、电力、水电站等专项设施占地）、工矿企业迁建用地（库区内需搬迁复建的大型企业）和孤岛影响区、道路不便影响区域产生的无法利用的土地。

（1）大坝工程区占地是指包含大坝、溢洪道、厂房、管理房等永久建筑物及管理范围的相应占地。根据水库工程管理规范（SL106-96），山丘区大型水库工程的管理范围是：上游从坝轴线向上不少于150m（不含工程占地、库区征地重复部分），下游从坝脚线向下不少于200m，大坝两端以第一道分水岭为界或距坝端不少于200m。山丘区中型水库工程的管理范围是：上游从坝轴线向上不少于100m（不含工程占地、库区征地重复部分），下游从坝脚线向下不少于150m，上下游均与坝头管理范围端线相连接，大坝两端以第一道分水岭为界或距坝端不少于200m。

（2）水库淹没区由经常淹没区和临时淹没区组成。经常淹没区为正常蓄水位以下的淹没区和坝前回水不显著地段安全超高区域；临时淹没区为正常蓄水位以上受洪水回水、风浪影响临时受淹没的区域。一般耕地的征收线是按正常蓄水位加安全超高值（0.5m）接水库建库后5年一遇洪水回水组成的外包线确定征收范围。

（3）灌溉供水工程区：挖方渠道以截水沟为界，填方渠道以外坡脚3m为界；倒虹管、渡槽、涵洞以外边线外延3m为界；隧洞入口、出口轮廓线外延3m为界。

（4）移民迁建用地。集镇迁建用地按人均建设用地不低于80m^2确定规模；集中居民点建设用地按人均不低于60m^2确定用地规模。

（5）专项设施复建用地。主要是指复建公路占地，按照"原规模，原标准（等级），恢复原功能"的原则，复建公路的公路等级、路基宽度、路面宽度须与原公路规模一致。《公路工程技术标准》（JTJ001-97）规定，新建公路路堤两侧排水沟外缘（无排水沟时为路堤或护坡道坡脚）以外、路堑坡顶截水沟外边缘（无截水沟为坡顶）以外不小于1m的土地为公路用地范围。其他专项设施遵从相应规程规范的用地规定。

（6）工矿企业迁建用地。工矿企业的迁建应当符合国家的产业政策，结合技术改造和结构调整进行，对技术落后、浪费资源、产品质量低劣、污染严重、不具备安全生产条件的企业，应当依法关闭。

（7）孤岛影响区、道路不便区域产生的无法利用的土地。主要是指水库蓄水以后，产生的四面环水的小孤岛上面的土地，或者背是悬崖、三面环水的区域，或者淹没了主要道路、复建道路投资较大、无交通条件的区域。

水利工程建设占用土地分类见表3-2。

表3-2 水利工程建设征占用土地分类表

项目	占地类型		用地名称
水利工程占地	永久占地	直接永久占地	大坝工程占地
			水库淹没占地
			灌溉供水工程占地
		间接永久占地	移民迁建用地	城镇迁建用地
			居民点安置用地
			公路复建用地
			线路（电力、通讯等）复建用地
		专项设施复建用地	水利水电工程（水电站、水文站）复建用地
			其他专项迁建用地
		工矿企业迁建用地
		影响区用地	孤岛影响区
			交通不便区
			地块破碎区
	临时占地		施工道路
			临时设施
			临时生活区
			管道工程开挖占地
			渣场占地
			料场占地

此外，水利工程建设对库周地区土地资源利用也有一定的影响。除上述因水利工程的新建带来的移民安置土地利用的变化，还包括区域发展对库周土地资源的定位。首先，由于水利工程是生命工程、水源工程，周边土地资源作为水源涵养区，其功能定位主要是生态功能的定位，将会加大周边耕地资源生态退耕的力度，导致耕地向林地的转变；其次，水库往往是地区的重要景观资源，结合水库打造的周边旅游景区开发、旅游地产开发也是众多区域发展经济的首要目标，因此将导致大量耕地资源向城镇建设用地转变。

3.2 相关理论基础

3.2.1 地租地价理论

地租是土地所有者凭借土地所有权从土地使用者那里获取的报酬。就各种社会经济形态下地租的一般特征而言，土地所有权借以实现的经济形式表现为地租的占有。或者说，地租是土地所有者凭借土地所有权向土地使用者让渡土地使用权时所获取的超额利润。地租地价理论主要分为马克思的地租理论和西方经济学的地租地价理论，而后者又分为古典经济学地租理论和新古典经济学地租理论。

卡尔·马克思（Karl Marx，1818～1883 年）提出："地租是土地所有者凭借土地所有权的垄断而获得的一部分劳动者所创造的剩余价值。"马克思认为，土地价格或价值，"一看就知道，它和劳动的价格完全一样，是一个不合理的范畴，因为土地不是劳动的产品，从而没有任何价值。""一块已耕土地，和一块具有同样自然性质的未耕土地相比，有较大价值。"马克思地租理论的主要贡献在于提出了"绝对地租"概念。绝对地租是指租种任何土地都必须缴纳的地租。由于土地私有权的存在，绝对地租表现为农产品价值超过社会生产价格以上的那部分超额利润，即土地所有者凭借土地私有权的垄断所获得的地租。绝对地租的产生除了有土地所有权的存在外，还要有土地所有权与使用权的分离，这种分离使得土地使用者为了获得土地使用权必须向土地所在者支付一定的经济代价。如果土地所有权与使用权相结合，土地所有者同时也是土地使用者，那么他就可以把资本投在土地上而不付地租。马克思在劳动价值论、剩余价值论、利润理论及生产价格理论的基础上，根据地租产生的原因和条件，认为资本主义地租除了级差地租、绝对地租两种基本形式外，还包括垄断地租、矿山地租、建筑地段地租等其他形式。

古典经济学地租理论的代表理论主要包括配第地租理论、斯密地租理论及李嘉图地租理论。

- 威廉·配第（Willian Ptty，1623～1687年）是古典政治经济学的奠基人。他在研究地租时，认为"土地的价值，取决于该土地所生产的产品量对为生产这些产品而投下的简单劳动的比例的大小。"配第地租理论主要内容包括：商品的价值是由商品中包含的劳动时间决定的；工人的工资等于工人最低限度的生活资料的价值；从农产品的价值中扣除生产费用，余下的价值部分就成为地租；地租不是劳动的产物，而是土地的恩赐。

- 亚当·斯密（Adma Smiht，1723～1790年），则是最早系统研究地租问题的人，他在1776年出版《国民财富的性质和原因的研究》中指出，"劳动是衡量一切商品交换价值的真实尺度"，"一种物品的交换价值，必然恰等于这物品对其所有者所提供的劳动支配权"。地租、利润和工资"这三个组成部分各自的真实价值，由各自所能购买或所能支配的劳动量来衡量"。他提出，资本主义社会存在资本家阶级、工人阶级和地主阶级三大阶级；地租对于土地所有者的意义就像利息对于资本、工资对于劳动一样，就本质而言，土地是地主的资本，地租则是土地资本所带来的利息。马克思肯定了这种观点，指出："斯密正确地下定义说，地租是'使用土地而支付的价格'。"

- 大卫·李嘉图（David Ricardo，1772～1823年）是古典经济学的最后完成者，他提出了"级差地租"的概念。李嘉图从劳动价值论出发来阐述地租理论，说明地租的来源及形成过程。李嘉图认为，农业中的劳动与工业中的劳动没有本质区别，并且明确了地租是工人劳动所创造的商品价值的构成。李嘉图地租理论的特色在于级差地租理论，他系统地对级差地租进行了论述并且奠定了科学的基础。李嘉图正确地指出了级差地租的数量取决于不同土地劳动生产率差别的结论，同时他还考察了级差地租的两种形态。但是，李嘉图不知道级差地租产生的原因，忽视了绝对地租的存在。

新古典经济学地租理论兴起于19世纪末、20世纪初，在新古典经济学家们眼中，李嘉图的地租理论是有缺陷的，尽管地租是因为使用了土地而给予的支付，但它仍受到土地作为生产要素本身的特性所限制——即土地的供给是非弹性的。在进入20世纪60年代以后，以阿隆索、密尔斯等为代表的经济学家将边际分析方法引入传统的地租理论中，加剧了地租研究的深入，从而孕育出新古典主义城市地租理论。新古典经济学地租理论以土地资本的利息及土地生产性服务为重点进行分析和解释。主要流派包括：

• 让·巴蒂斯特·萨伊的生产三要素论。早在 19 世纪初，法国经济学家萨伊就提出了要素价值论。萨伊认为，商品的效用以及商品的价值，是由劳动、资本和土地这三个生产要素协同创造的，并由这三个要素在创造效用中各自提供的"生产性服务"所决定的。在生产三要素论的基础上，萨伊推出了他的分配理论。在他看来，既然生产三要素都是创造效用从而创造价值的源泉，则各要素的所有者就应分别依据各要素对应提供的生产性服务，取得各自应得的收入——劳动所有者得到工资、资本所有者得到利息、土地所有者得到地租。

• 托马斯·罗伯特·马尔萨斯的经济剩余论。马尔萨斯认为，商品的价值取决于该商品在该时该地所能交换成为可支配的标准劳动量，而不是取决于生产它所耗费的劳动。该论述表明，商品的价值不仅包括工人工资，还包含利润和地租。

• J. B. 克拉克的生产要素价格论。19 世纪末，美国经济学家、边际效用学派的代表人物克拉克，在生产要素论、边际效用论基础上，结合生产率递减律，提出边际生产力理论（Theory of Marginal Productive）来说明分配问题。他说，在其他条件不变前提下，每增加一单位任意要素投入所带来的产品增量将是递减的，而最后增加的一单位生产要素的生产率则最低，被称之为边际生产率，由它来决定各种生产要素所获得的报酬。按照这个理论，劳动、资本、土地等生产要素在分配中所获得的工资、利息和地租，即为它们各自的价格，而这些生产要素的价格，又取决于需求与供给两个方面。

• 阿尔弗雷德·马歇尔的均衡价值论。马歇尔从价格的供给与需求两方面展开论述，对于价格的供给，他结合英国古典经济学中生产费用论，采用边际分析和心理概念展开论述；对于价格的需求，又以边际效用学派中的边际效用递减规律为基础，进行修改和完善。他认为，商品的市场价格决定于供需双方的力量均衡，就像剪刀的两刃同时起作用，从而创立均衡价值论。马歇尔还采用均衡价格分析方法，论述了工资、利息、利润、地租分别为劳动、资本、企业家能力和土地的均衡价格。

- 威廉·阿隆索的区位平衡地租论。阿隆索是新古典地租理论的开创者，他的代表作《区位和土地利用》是新古典地租理论的奠基之作。该书在杜能（1826）农业区位理论的基础上，将农业土地利用模型引入城市，阐明了城市内部土地价值与土地利用之间的关系。阿隆索的突出贡献在于他在地租问题上引入了空间因素，并将它作为一个核心进行了考虑，并首次引进了区位平衡（Locational Eguilibrium）这一新古典主义概念，同时成功地解决了城市地租计算的理论方法问题。

- 保罗·萨缪尔森的影子地价论。土地的影子地价是指在一定配套资源约束条件下，计算每增加一单位土地资源可得到的最大经济效益。影子价格法主要分析土地的机会成本，选择最大效益的机会成本来确定其计算价格。影子地价的经济含义反映出土地利用的经济效益：即土地的劳动消耗和土地的稀缺程度（即供求关系）。影子地价采用边际分析方法，是土地的边际产品价格。因此，影子地价是按最大费用耗费来决定，而不是按平均费用耗费所决定，即用边际费用来决定价格，引入数学规划方法，求取资源的最优配置。

综上所述，地租理论涵盖了土地价格的来源、构成、计算及影响因素等内容，为实际应用中的土地价值的评定、估算提供了理论基础和方法选择。马克思的地租理论和西方经济学的地租地价理论已发展成为市场经济体制下一种成熟的经济理论，对本书关于耕地价值损失、补偿及价值变化的定量研究具有重要理论和指导意义。

3.2.2　外部性理论

外部性理论最早由英国经济学家亨利·西奇威克（Henry Sidgwick）提出。西奇威克作为剑桥学派的奠基者之一，在其代表作《政治经济学原理》中写道："个人对财富拥有的权利并不是所有情况下都是他对社会贡献的等价物。"但是外部性这一具体概念的提出源于英国新古典经济学派代表阿尔弗雷德·马歇尔（Alfred Marshall）。马歇尔是英国"剑桥学派"的创始人，他在其著作《经济学原理》（1890）中提出了"外部经济"概念，虽然没有明确提出"外部性"这一概念，但"外部经济"概念中已包含"外部性"概念的相关内容。马歇尔认为，除了传统上公认的土地、劳动和资本这三种生产要素外，"工业组织"这种生产要素普遍存在却没有引起广泛关注。"工业组织"的内容涵盖广泛、层次丰富，包括分工、机器改良、规模生产、企业管理、产业聚集等。马歇尔使用"内部经济"和"外部经济"这组相对概念，来分析"工业组织"要素变化如何引起产量的增加。尽管具体概念并没有明确提及，但从马歇尔对内部、外部经济的论述中，可以逻辑推理出"内部不经济"和"外部不经济"的概念及其含义。所谓内部不经济，是指由于企业内部的各种因素所导致的生产费用的增加；而外部不经济，是指由于企业外部的各种因素所导致的生产费用的增加。

庇古，英国著名经济学家，剑桥学派的主要代表之一，其代表作《财富与福利》一书于1912年发表，后修改完善并改名为《福利经济学》于1920年出版。庇古的主要贡献在于，明确提出了"外部不经济"的概念和内容，首次从福利经济学的角度，运用现代经济学的方法，将外部性问题的研究范围作了延伸，从外部因素对企业的影响效果扩大到企业或居民对其他企业或居民的影响效果，对外部性问题作了系统性研究。庇古从分析边际私人净产值与边际社会净产值的背离入手来阐释外部性问题。他指出，边际私人净产值是指一个单位生产要素投入到个别企业生产中所获得的产值，边际社会净产值是指从社会整体来看一个单位生产要素投入在生产中所增加的产值。庇古认为，当边际私人净产值与边际社会净产值之间存在相等关系时，则资源配置达到最佳状态。此外，边际私人净产值与边际社会净产值还存在下列关系：如果在边际私人净产值之外，其他人仍有得益，那么边际社会净产值就大于边际私人净产值，这种给社会带来的有利影响称为"边际社会收益"；反之，如果其他人受损，那么边际社会净产值就小于边际私人净产值，这种给社会带来的不利影响，称为"边际社会成本"。

科斯，1991年诺贝尔经济学奖获得者，新制度经济学的奠基人，其主要贡献在于"发现和澄清了交易费用和财产权对经济的制度结构和运行的意义"。科斯的思路可以通过科斯定理来表达："从效率的角度看，只要交易成本为零，那么法定权利的初始配置便无关紧要。因为在交易费用为零的世界里合约交易可以无成本进行，只要是重新安排权利有利于产值的最大化，就可能通过合约交易或人们之间的讨价还价改变最初的产权界定，实现资源的优化配置，而与法律的判决无关。"这就是说，外部性问题不必非得使用庇古税手段，或许可以通过市场交易形式协商解决。实践证明，外部性之所以在很多情况下导致资源配置失当，产权不明是根本原因。外部影响可能在产权完全明晰且保障充分的情况下不会产生。科斯定理进一步巩固了经济自由主义的根基，进一步强化了市场机制在资源配置中的基础性作用。科斯在构建自身理论框架时结合了庇古理论：在交易费用为零的情况下，解决外部性问题不需要"庇古税"；在交易费用不为零的情况下，解决外部性问题也许庇古方法有效，也许科斯方法可行，选择依据需根据成本—收益分析的结果来判定。

耕地作为一种数量有限且不可再生资源，是土地资源中最重要、最珍贵的部分，对人类的存在和发展起着其他资源不可比拟的作用。耕地资源的利益可被视为一种经济活动，可以为社会提供多种效益。从发挥社会及生态效益这个角度来讲，耕地应该属于公共物品，并且应属于准公共物品。所谓公共物品，是具有非竞争性、非排他性、不能依靠市场力量实现有效配置的产品，可分为纯粹公共物品和准公共物品。纯粹公共物品提供的绝大部分效用都外部化了，准公共物品提供效用的一部分由其生产者享有，另一部分则由生产者以外的人享有。就耕地而言，耕地的社会效益及生态效益是一种无形效用，不能储备和移动，耕地所有者或使用者难以对其完全作出控制，其他人可以享受且可不付出代价，因而都不愿意显示出其对此效益的真正偏好，宁愿免费搭车，耕地所有者或使用者无法强迫受益者偿付费用后才享用这些效益。因此，耕地具有公共品的某些特征，同时，因耕地所有者或使用者实质也能分享部分耕地效益，耕地应归类为准公共物品。耕地保护的外部性指的是耕地保护的边际私人成本或边际私人收益与边际社会成本或边际社会收益相偏离，耕地保护行为的收益或成本被其他社会成员分享或承担。

具体而言，耕地的外部效益体现在以下方面：①耕地社会保障效益。目前，我国农村社会保障体系还不完善，耕地作为社会保障的替代，为占中国人口绝大多数的农民提供了基本的生产及生活保障，成为维护社会稳定的重要因素之一。耕地保护的社会保障功能具体体现在基本生活保障、养老保障、提供公共品、失业保险等功能。②耕地粮食安全效益。耕地作为一种公共资源，其重要性在于作为一个整体给国家带来粮食安全保障。从某种程度上说，耕地的粮食安全效益能给国民经济发展、社会稳定和国家自立带来有利影响，但却未在农产品价格中得以完整体现。③耕地生态保育效益。耕地作为大生态系统的一个构成单元，发挥着保持和维护生态平衡的功能。然而，耕地保护者并不能从耕地保护所产生的良好生态效益中获得更多。就外部成本而言，对于滥垦乱伐造成的水土流失，耕地过度农作而造成耕地质量下降，过度使用农药、化肥造成土壤板结及城市及农村饮用水质量恶化等给社会造成一定程度伤害的行为，在市场经济条件下这些成本并没有由行为实施者来负担。因此，在我国，要解决耕地的正外部性问题，需要给予正外部性价值提供者合理的经济补偿，而这个补偿标准的确定取决于对耕地社会保障价值、社会稳定价值及生态价值的科学判断。外部性理论对本书关于耕地的价值损失、补偿、变化的定量评估以及对完善耕地补偿价值的研究都具有重要的理论价值和借鉴意义。

3.2.3 土地系统理论

"系统"一词源于古希腊语，即由部分构成整体的意思。系统论是研究系统的一般模式、结构及规律的理论，它分析及归纳各种系统的共同特征，引入数学方法定量地描述及总结其功能，探索并寻找适用于一切系统的原理、原则、方法及模型，是一门新兴的综合性科学。系统思想由来已久，但作为一门系统科学，大家公认美籍奥地利人、理论生物学家 L. V. 贝塔朗菲（L. Von. Bertalanffy）为其创立者。他首先提出"开放系统理论"（1932），开启了系统论的思想，又于 1937 年提出了一般系统论原理，成为系统论学科的理论基础。系统论认为，所有系统所具备的共同基本特征包括：整体性、关联性、等级结构性、动态平衡性、时序性等。这些基本特征既是系统所具有的基本思想观点，也是系统方法的基本原则，表现出系统论不仅是反映客观规律的科学理论，也同时蕴含科学方法论的含义。

尽管"系统"一词频繁出现在不同社会生活场合及学术学科领域中，但不同专业背景的人往往从自身研究角度出发赋予它不同的含义。长期以来，系统的概念、定义及其特征没有统一明确的定论。本书采用如下的定义：系统是由一些相互联系、相互制约的若干组成部分结合而成的、具有特定功能的有机整体或集合。系统论创始人贝塔朗菲认为，系统是"处于相互作用中的要素的复合体"。把系统的构成细分到元素，除多元性和关联性以外不再作进一步的限制，使这个定义的适用性可以惠及不同领域和层次。系统在现实世界的实践应用中总是以特定系统出现的，如土地利用系统、生物系统、行政管理系统等，其前面的定语描述了研究对象的特点及属性，即"物性"，而"系统"一词则表述所研究对象的整体性。对于某具体研究对象，对其物性的描述和对其系统性的描述缺一不可。通常，一个复杂系统可以分成若干个子系统，系统与外界环境共同构成一个相互包容的体系。

贝塔朗菲系统论的主要观点如下：（1）系统的整体性。系统是若干事物的集合，这种集合体现出客观事物的整体性，但系统又不简单地等同于整体。因为系统除了反映客观事物的整体这一外在特征外，还反映整体与局部、整体与层次、整体与结构、整体与环境的关系等内部特征。也就是说，系统着重从整体与要素、层次、结构、环境的关系角度来分析和表述其整体性特征。要素的无组织集合也可以成为整体，但这种无组织的综合并不能成为系统，系统所具有的整体性应该是外在与内在的结合和统一，即系统是在一定组织结构、层次基础上的整体性，要素以一定方式相互联系及与环境作用而形成一定的结构，如此才具备系统的完整的整体性。系统的整体性概念是系统论的核心。（2）系统的有机关联性。系统的性质不是将要素性质简单加总，系统的性质为单个要素所不具备的；系统所遵循的规律既区别于单个要素所遵循的规律，也不是单个要素所遵循规律的简单求和。因此，系统的性质及规律与其组成要素的性质与规律是相区别的，不过系统与其组成要素又是统一的，系统的性质以组成要素的性质为基础，系统的规律也只有通过组成要素之间的关系体现出来。构成系统的组成要素，都必定具有构成系统相互关联的内在理由，所以要素只有在系统中才能体现其作为要素的意义和价值，一旦这种相互关联的内在理由不存在，它就不成其为系统的组成要素了。总而言之，系统及其组成要素之间是辩证统一的关系，系统是要素的有机的集合。（3）系统的动态性。系统的有机关联不是静止的而是动态变化的。系统的动态性包括内外两个方面。内在的动态性表现为：系统内部的结构状况随时间而发生变化；外在动态性表现为：系统与外部环境存在着物质、能量及信息交换，这是一个运动变化的过程。贝塔朗菲认为，现实存在的系统都是开放系统，开放系统必然表现出动态性特点。（4）系统的有序性。系统的要素、结构、层次及其与环境交换过程的方向性都表明系统的另一显著特征——有序性。系统的存在是以有序性为基础的，从系统的存在、发展到解体，伴随着系统从有序到无序的过程，系统越是趋向有序，它的组织程度越高，稳定性也越好；系统越是趋向无序，它的组织程度越低，从而稳定性也越差，直至完全无序的状态就成为系统的解体。（5）系统的目的性。目的性是系统存在的必然属性，这是由其本身的发展方向决定的。贝塔朗菲认为，系统的有序性是表现为一定方向性，即一个系统的发展方向不仅取决于偶然的外在因素，还取决于它自身所具有的、必然的方向性，这就是系统的目的性。他强调系统的目的性是普遍存在的，认为这种普遍性适用于任何类型的系统。

根据系统论的原理,一个独立的系统总是以其特有的外在特征和内在特性而区别于其他系统,这主要是由构成系统的要素、结构、层次及环境等方面的内容各异而决定的。土地系统理论是对区域土地利用结构子系统有机结合而成的完整大系统来规划设计,从系统整体角度考虑每个子系统的用地要求、解决子系统之间及子系统与整体之间的矛盾。从全局观念出发,将有限土地资源统筹协调分配到各子系统,达到资源的优化组合。土地系统是一个开放的系统,与外界不断地进行物质和能量交换,并且在人类生产活动的作用下,不断进行着发展演化,形成一个复杂的自然—社会复合系统—土地生态系统。具体到土地利用系统,指的是由一种土地利用方式作用于一个土地单元所组成的系统。概括来讲,我国土地利用系统是以满足社会经济发展以及促进土地资源可持续发展利用为目标的多要素集合的综合体。从系统论角度观察,土地利用就是土地的自然要素系统与土地利用类型及方式的社会经济系统之间的物质、能量及信息交换在某一单块土地上的集合,即所谓的土地利用系统。在某一小块单一的土地单元可能只存在一种单一用途,即单一的土地利用方式形成较为单一的土地利用系统。但在一个由众多土地单元构成区域,土地组合的类型、利用的方式较为多元化,从而形成复合的土地利用方式。因此在一个由众多土地单元构成的区域内,往往集合了功能各异且相互联系的多种土地利用系统,进而汇合而成为复杂的土地利用大系统。从系统方法论来看,其根本特征在于从系统的整体性出发,多样运用分析与综合、分解与协调、定性与定量等研究方法,精确处理整体与局部的辩证关系,科学地把握系统,达到整体最优。系统理论对于本书耕地价值分析模式的架构、价值损失防控体系(特别是水利工程建设用地节约集约评价指标体系)的建立以及区域价值补偿机制的完善都提供了系统原理、原则、方法及模型的理论依据和技术方法支撑。

3.2.4 土地产权理论

产权可以理解为人与稀缺资源的一组权利关系。产权是生产关系的法律表现,这是产权的本质特征,具体包括财产的所有权、占有权、支配权、使用权、收益权和处置权,这种法权关系或意志关系的内容是由这种经济关系本身决定的。产权不是指人与物之间的关系,而是指由物的存在及关于它们的使用所引起的人们之间相互认可的行为关系,是一系列用来确定每个人相对于稀缺资源使用时的地位和社会关系。1991年诺贝尔经济学奖得主科斯是现代产权理论的奠基者和杰出代表,被西方经济学家公认为产权理论的创始人,他的产权理论首先界定了制度的内涵,进而明确了产权的概念和定义,在此基础上论述了由此产生的成本及收益,并从法律和经济两方面阐明了产权理论的基本内涵。科斯提出的"确定产权法"认为,在协议成本较小的情况下,资源都可以通过市场交易达到最佳配置,而不用理会最初的权利如何界定,因而在解决外部侵害问题时可以采用市场交易形式。科斯产权理论的核心是:制度安排是一切经济交往活动的前提,制度安排的实质是一种人与人之间行使一定行为的权利。因此,界定产权是经济分析的首要任务,明确规定当事人的行为范围和内容,然后通过权利的交易进而达到社会总产品的最大化。产权理论的核心在于权利要有清晰、明确的界定,权利有了界定才有他属性,即私有产权,只有权利明确地界定为私有,市场的交易才会让整个社会利益最大化。

产权可以划分为私有产权、公有产权两种类型。其中,私有产权是指财产权利完全归个人行使,即个人完全拥有对经济物品多种用途,进行选择的排他性权利,表现为财产权利完全受个人意志的支配。但是,私有产权同时具有可分割性、可分离性和可让渡性，也就是说，私有产权并不意味着各种权利永远不可分地完全掌握在个人手中，正是由于这一特性，私有产权制度才有了推动市场经济发展的动力。公有产权是指财产的权利归公众行使，即任何人在行使对公共资源的某项选择权利时，并不排斥他人也对该资源行使同样的权利。在公有产权下，由于共同体内的每一成员都有权享有共同体所具有的权利，如果对他使用共有权利的监察和谈判成本不为零，他在最大化地追求个人利益时就有可能将由此带来的成本部分地让共同体内的其他成员来承担。因而在共同体内"免费搭车"的行为将得不到有效制止，其结果是共同体成员行为表现出很强的外部性特征，以及由此所带来的资源的过度使用和效率损耗。

我国耕地产权具有双重性质，一方面，耕地归农民集体所有，具有公有产权的特性；另一方面，承包经营权设立于所有权之上，具有明显的私有产权特征。由于中国特定社会物质生活条件特别是社会生产力欠发达的制约，在农地公有产权制度设定上长期忽视马克思主义土地产权理论的指导，忽视土地产权制度设定的一般原则和规律，一度出现超越历史阶段的错误设计与实践，土地权利制度安排存在结构性缺陷。一方面，土地所有权高度集中而缺乏明确的人格化代表，忽视农民土地公有产权与农民持有产权的有序分离，土地集体所有制赋予每个集体组织成员平等拥有土地的权利，人人皆有等于人人皆无，农地初始产权界定不明晰，从而严重背离了产权的排他性原则，即所谓的所有权缺位。因此，农民从个人利益出发，非但不愿对土地进行长期投资和开发，反而变本加厉，进行掠夺式经营，导致农业资源无序配置。另一方面，土地使用权分属于不同的利益主体，而其对土地的合理使用及对所有者又不承担任何经济的和法律的责任关系，这就使土地资源得不到充分利用和合理保护，必然导致既定的土地权利制度安排"激励—约束"不足，"外部性"难以"内部化"，农村经济增长乏力，农民收入增幅缓慢，城乡居民收入差距拉大，由此造成土地资源的浪费和使用上的不经济。因此，在兼顾公平和效率前提下，土地产权理论对于耕地价值如何在不同利益主体之间分配具有现实指导意义，对本书中关于完善价值补偿政策建议部分章节提供了重要理论依据。

3.2.5 可持续发展和土地可持续利用理论

1972年，联合国召开第一次"人类与环境会议"，会议通过《人类环境宣言》，要求人们通过环境保护，使地球成为既适宜现在人类又适合将来子孙后代生活、居住的场所。这里已包含了可持续发展思想的萌芽。可持续发展概念的明确提出，源于1987年以布伦兰特夫人为首的世界环境与发展委员会（WCED）发表了报告《我们共同的未来》。该报告正式使用了"可持续发展"概念，并系统阐述了该概念的定义及内容，产生了广泛的社会影响。有关可持续发展的定义有100多种，曾有学者对可持续发展的定义进行了系统总结，并归纳为七个方面。但被广泛接受影响最大的仍是世界环境与发展委员会在《我们共同的未来》中的定义："能满足当代人的需要，又不对后代人满足其需要的能力构成危害的发展。"

可持续发展是一个涉及经济、社会、文化、技术及自然环境的综合概念，可持续发展主要包括自然资源与生态环境的可持续发展、经济的可持续发展和社会的可持续发展这三个方面。可持续发展以自然资源的可持续利用和良好的生态环境为基础；以经济可持续发展为前提；以谋求社会的全面进步为目标。只要社会在其运行过程中始终保持资源、经济、社会与环境的协调和统一,社会的发展就符合可持续发展的要求,即自然—经济—社会复合系统的持续、稳定、健康发展。作为人类社会发展新型模式的可持续发展,若要真正得以有效实施,即在生态环境、经济增长、社会发展方面形成一个持续、高效的协调运行机制,必须遵循公平性、可持续性、共同性三项原则。

所谓公平性包括两方面的公平:一是本代人的公平,即同代人之间的横向公平性。可持续发展要满足全体人民的基本需求以及给予全体人民机会以满足他们要求更好生活的愿望;二是代际间的公平,即世代人之间的纵向公平,要让世世代代享有公平利用自然资源的权利。所谓可持续性是指人类的经济建设和社会文化发展应该被限制在自然资源与生态环境的承载力允许的范围内。资源的永续利用和生态系统可持续性的保持是人类可持续发展的前提,这就意味着人类需要根据可持续性原则调整自己的生产方式和生活方式。所谓共同性是指公平性原则和持续性原则应该是共同遵守的。要实现可持续发展的总目标,就必须转换为全球共同的互惠共赢的联合行动。

当前,我国土地管理制度、法律体制不健全,一些滥用和乱用土地资源导致国土严重超载、用地矛盾突出、利用效益低下、生态环境失调等问题和现象凸显,土地资源可持续利用是迫于当前严峻的人地矛盾,以土地的高效、节约、集约、综合利用为基础,基于可持续发展理论而提出来的科学用地方式。它包含两层含义:一是土地资源自身的高效、集约、持续利用;二是土地资源与其他资源相互配合共同成为经济社会持续发展的基础和动力。土地资源的可持续利用具体包括以下内容:(1)土地资源数量配置与土地资源的总量稀缺保持高度统一;(2)土地资源质量组合与土地资源禀赋相匹配;(3)土地资源的时间安排与土地资源的时序性完全一致;(4)土地资源配置应当考虑区域差异,反映地区特点，与地方经济发展水平保持一致。土地资源的可持续利用的实质是指土地资源既要满足当代人的需要，又不对后代人利用土地资源造成影响和破坏，保证有限的土地资源供给能满足社会经济持续发展对土地需求。土地可持续利用研究及其在土地管理实践领域中的应用，对于保证整个社会经济的可持续发展具有深远影响和现实意义。土地可持续发展理论则是本书选题及耕地保护、建设用地节约集约评价研究的最基础最重要的理论前提，对耕地价值补偿运行机制的完善、对失地农民合理的补偿也是可持续发展理论和科学发展观在水利工程建设过程中的具体应用和体现。

3.2.6 土地节约集约利用

土地资源的有限性和稀缺性使得土地节约集约利用问题很早就得到了各国学者的广泛关注。节约用地体现减量化原则，减少用地消耗，在工程建设中不占或少占耕地，重在用地方案的优化；集约用地体现功能最大化原则，挖掘资源潜力，注重效益、效率和效果，重在用地模式的选择。大卫·李嘉图（David Ricardo，1772~1823年）提出，农业土地集约利用是指在单位面积土地上投入较多的资金、物质、劳动和技术以提高集约度的土地经营方式，可分为资金密集型、劳动密集型和技术密集型三种。所谓资金密集型，正如马克思指出的"在经济学上，所谓耕作集约化，无非是指资本集中在同一土地上，而不是分散在若干毗连的土地上"。所谓劳动密集型，指单位面积土地集中投入较多的劳动力要素，采用精耕细作的经营方式。所谓技术密集型指在单位面积土地上采用先进的技术及管理方法，以求获得高额产出和收入的一种经营方式。由于存在土地利用报酬递减规律，当对土地连续投入资本和劳动力达到经济上的报酬递减点时，达到土地利用的集约边界，因此，达到节约边界的土地利用方式称为集约利用；反之，则称为粗放利用。

后来，土地集约利用的概念被引入非农土地的研究领域。中外学者关于非农土地集约利用的主要观点包括：美国学者理查德·T. 伊利认为："对现在已利用的土地增加劳力和资本，这个方法叫作土地利用的集约。"中国国家土地管理局（今国土资源部）原副局长马克伟主编的《土地大辞典》中对"土地集约经营"词条的解释是："土地集约经营是粗放经营的对称，是指在科学技术进步的基础上，在单位面积土地上集中投放物化劳动和活劳动，以提高单位土地面积产品产量和负荷能力的经营方式。"中国土地经济学者毕宝德在《土地经济学》一书中写道："所谓土地集约利用，就是在土地上增加投入，以获得土地的最高报酬。……人们在谈到土地集约经营时，往往是耕地，言及非农用地的很少。非农用地的效益可分为两类：用于住宅建设的是所建房屋的面积；用于工业、商业和交通运输的在于所获经营利润。"浙江大学刘卫东认为："城市土地集约利用要求整个城市建成区单位面积土地利用经济效益、社会效益和生态效益均得到提高。"

从已有的研究来看土地节约集约利用的内涵可归纳如下：（1）节约用地，就是各类建设项目要在不占或少占耕地的前提下尽量节省用地，严格控制土地使用量。（2）集约用地，即每单位用地必须采用成本收益分析，提高投入产出的强度，提高土地利用的集约化程度。（3）土地集约利用不仅体现在经济上的高投入、产出，还体现在社会和生态效用和价值的一种最佳土地利用方式。（4）土地集约利用效率会随着经济社会发展和技术进步不断提高，向纵深方向发展。（5）由于存在土地条件、资源禀赋的不同，土地集约节约利用水平衡量具有地区差异性，其评价指标也会有所差异。（6）土地集约节约利用发展自身的规律性。随着城市化进程的深入，土地利用会呈现出"劳力资本集约型——资本技术集约型——生态集约型"阶段性特征。土地节约集约利用研究是本书耕地保护策略的重要内容构成，是建立耕地价值损失防控体系的基础，也是构建水利工程建设用地节约集约评价指标体系和节约集约用地技术方法的依据。

第 4 章

重庆市水利工程用地现状及特征分析

4.1 重庆市水利工程用地现状

4.1.1 重庆市水资源概况

重庆市有长江、嘉陵江、乌江、涪江、綦江、大宁河等江河流经，过境水量大，但实际利用的过境水量却非常有限。其水资源短缺比较严重，全市人均占有水资源量占全国平均水平的70%，仅为全世界人均占有量的15.6%，且全市水资源分布极不平衡。全市河流多汇入长江，形成由西南向东北横贯全境的流域体系，并由乌江和嘉陵江以及南北众多大小不一的河流构成南北不对称的网状水系。据近几年重庆市水资源利用统计数据显示，年水资源总量受气候影响大，2003~2010年8年间全市用水量和人均用水量逐年增加，2010年重庆市水资源总量为464.30亿 m^3，近8年平均水平为524.96 m^3；每万元GDP用水量也有减少的趋势，人均生活用水逐年增加（见表4-1）。

表4-1　　　　　　重庆市水资源利用状况统计表

年份	水资源总量（亿 m^3）	总用水量（亿 m^3）	利用率（%）	人均用水量（m^3）	万元GDP用水量（m^3）	人均生活用水（m^3/D）
2003	590.74	63.17	10.07	202	291	0.093
2004	558.77	67.45	12.07	215	253	0.096
2005	509.77	71.16	13.96	254	232	0.110
2006	380.32	73.20	19.25	261	210	0.112

续表

年份	水资源总量（亿 m³）	总用水量（亿 m³）	利用率（%）	人均用水量（m³）	万元 GDP 用水量（m³）	人均生活用水（m³/D）
2007	662.96	77.42	11.68	275	188	0.119
2008	576.93	82.77	14.35	292	162	0.121
2009	455.91	85.30	18.71	298	131	0.125
2010	464.30	86.39	18.61	299	109	0.126
平均	524.96	75.86	14.84	262	197	0.113

注：数据来源于重庆市水利局。

截至2010年底，全市共有大中型水库41座，其中大型水库6座，中型水库35座。重庆市水利工程分布不均匀，以小中型水库为主，大型水库较少（见表4-2）。

表4-2　　　　　　　　重庆市大中型水库统计表

区县名称	水库数（座）	区县名称	水库数（座）
北碚区	2	长寿区	2
渝北区	2	黔江区	1
巴南区	2	武隆县	2
潼南县	2	石柱县	1
铜梁县	1	酉阳县	3
大足区	3	彭水县	1
荣昌县	1	万州区	2
璧山县	2	丰都县	1
江津区	1	垫江县	1
合川区	3	忠县	1
永川区	2	开县	1
南川区	1	城口县	1
涪陵区	2		

4.1.2 重庆市水域及水利设施用地现状

区域水利工程用地面积是区域经济发展状况及自然条件等多种因素共同作用的结果。水利工程多为公益性建设项目，不仅其用地制度具有特殊性，工程的选址也具有一定特殊性。水利工程的位置与"水源"有紧密联系。根据第三章对其概念范围的界定可知，水利工程用地包括水库水面和水工建筑用地两个部分：水库水面是水库正常蓄水位以下的面积；水工建筑多修建于水库或水面附近。因此，区域水域及水利设施用地面积与水利工程用地有直接关系。重庆市各区县水域及水利设施用地面积大小不一，38 个区县中面积最大的是万州区，其次为云阳县、涪陵区，分别为 17 859.03hm²、17 366.48hm²、16 439.87hm²；面积最小的为渝中区 529.47hm²。水利设施用地面积较大的区域多位于渝东北翼，而主城 9 区则比较小。重庆市水域及水利设施用地有河流水面、湖泊水面、水库水面、坑塘水面、内陆滩涂、沟渠、水工建筑用地七类，二级地类中无沿海滩涂和冰川及永久积雪两类。河流水面面积最大的是万州区为 13 439.3hm²，面积最小的是渝中区为 499.95hm²。从另一个侧面来理解，主要江河流进的区县其河流面积自然就会大。全市仅有璧山县、万州区、丰都县、垫江县和巫溪县存在湖泊水面地类，其面积依次为 109.55hm²、0.51hm²、18.53hm²、692.38hm²、8.13hm²。除渝中区外，其余区县均有大小不一的水库水面、坑塘水面、沟渠及水工建筑用地地类面积，渝中区仅有 499.95hm² 河流水面和 29.52hm² 内陆滩涂用地。这与渝中区面积小且无农用地，是重庆的地理和经济中心是分不开的。其余两类地类中，城口县和璧山县无内陆滩涂。具体资料见表 4-3。

表 4-3　重庆市 2011 年各区县水域及水利设施用地分类统计表

区县名称	水域及水利设施用地（hm²）							
	河流水面	湖泊水面	水库水面	坑塘水面	内陆滩涂	沟渠	水工建筑用地	合计
渝中区	499.95	0	0	0	29.52	0	0	529.47
大渡口区	1 032.35	0	5.73	109.10	45.97	17.47	0.71	1 211.33
江北区	1 866.14	0	25.05	158.84	500.79	33.27	2.87	2 586.96
沙坪坝区	535.56	0	181.17	397.61	110.50	132.51	12.26	1 369.61
九龙坡区	1 125.88	0	308.11	847.61	13.57	185.98	21.02	2 502.17
南岸区	1 893.43	0	72.35	271.74	543.63	42.50	15.79	2 839.44
北碚区	1 397.39	0	246.29	818.19	476.39	363.41	83.05	3 384.72
渝北区	2 954.2	0	991.02	860.22	196.51	61.74	27.10	5 090.79
巴南区	4 881.74	0	835.02	1 367.65	912.49	28.55	31.44	8 056.89
綦江区	2 472.21	0	701.74	1 000.07	50.83	314.23	41.91	4 580.99
潼南县	4 183.08	0	780.25	2 173.98	596.97	90.44	46.19	7 870.91
铜梁县	1 806.97	0	1 019.20	2 153.12	120.62	449.6	36.00	5 585.50
大足区	1 247.18	0	1 801.70	1 602.80	23.42	176.28	50.45	4 901.80
荣昌县	1 033.7	0	1 126.90	1 100.14	12.41	319.96	41.17	3 634.29
璧山县	893.55	109.55	843.45	1 155.33	0.00	84.97	36.01	3 122.86
江津区	10 257.42	0	1 120.10	2 749.29	468.42	915.14	98.2	15 608.56
合川区	9 366.17	0	1 484.10	2 337.2	541.46	221.21	102.09	14 052.24
永川区	2 607.21	0	1 682.40	3 024.53	10.65	80.17	72.41	7 477.32
南川区	2 300.66	0	774.36	456.44	7.57	262.30	28.78	3 830.11
涪陵区	11 217.4	0	2 824.00	2 142.92	57.40	112.48	85.67	16 439.87
长寿区	2 951.86	0	6 368.30	1 528.57	215.14	177.78	36.97	11 278.63
黔江区	2 935.92	0	219.87	145.28	54.82	47.92	19.84	3 423.65
武隆县	3 577.13	0	993.27	213.73	714.17	40.05	345.68	5 884.03
石柱县	4 451.71	0	738.36	366.40	42.63	227.58	1.65	5 828.33

续表

区县名称	水域及水利设施用地（hm²）							
	河流水面	湖泊水面	水库水面	坑塘水面	内陆滩涂	沟渠	水工建筑用地	合计
秀山县	2 204.15	0	413.33	112.53	195.26	847.39	45.71	3 818.37
酉阳县	4 480.25	0	1 077.20	79.51	87.32	167.00	42.67	5 933.97
彭水县	3 595.89	0	300.64	135.68	569.52	1 110.96	113.18	5 825.87
万州区	13 439.30	0.51	1 887.1	2 074.99	152.44	202.48	102.18	17 859.03
梁平县	2 028.53	0	752.49	1 070.80	53.72	206.56	58.22	4 170.32
城口县	2 820.65	0	747.70	8.85	0	42.30	40.65	3 660.15
丰都县	8 062.46	18.53	1 103.30	972.8	117.19	445.50	66.95	10 786.75
垫江县	1 324.55	692.38	838.35	1 340.89	0.85	628.27	34.12	4 859.41
忠县	11 664.23	0	575.42	1 014.73	2.28	150.32	11.63	13 418.61
开县	9 923.67	0	610.24	1 577.72	91.02	933.83	75.68	13 212.16
云阳县	14 641.30	0	984.44	1 354.04	88.13	230.41	68.16	17 366.48
奉节县	10 489.06	0	449.2	475.94	164.44	200.81	78.65	11 858.10
巫山县	9 590.22	0	62.75	178.91	3.19	137.26	24.38	9 996.71
巫溪县	3 373.56	8.13	492.92	80.64	2.24	51.48	68.33	4 077.30

注：本研究统一将原万盛区数据归并为綦江区，双桥区归并为大足区。

水利设施用地的区域性差异较大，同一区域不同二级地类面积交替出现在平均水平的上下方；不同区域同种地类面积与平均水平相比依次呈现出地类面积逐渐接近于平均水平趋势。考虑到一小时经济圈中主城区的区位及经济地位的特殊性，将重庆市38个区县划分为主城区、一小时经济圈、渝东南翼和渝东北翼四个区域。对重庆市现有的7个二级地类分别取各区域的平均值与全市平均水平进行比较，如图4-1所示，河流水面面积只有渝东北翼大于平均水平，其余三个区域均在平均水平之下；湖泊水面由于面积较小，四个区域比较接近；水库水面、坑塘水面面积—一小时经济圈高于平均水平，渝东北翼略小于平均水平，主城区和渝东南翼小于平均水平，且出现相交情形；内陆滩涂以及沟渠两地类四个区域比较接近，七种地类中水工建筑用地面积最小，且四个区域比较接近。

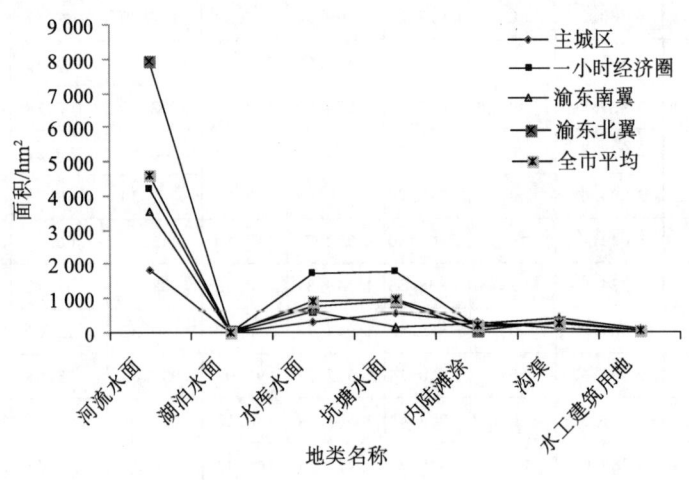

图 4-1　不同区域水域及水利设施用地面积与平均水平对比图

4.1.3　重庆市水利工程用地现状概况

重庆市水利工程用地主要是水库水面用地；除渝中区水利工程用地为零外，其余 37 个区县均有面积不等的水利工程用地。2011 年全市水利工程用地为 37 505.59hm²，占全市水利设施用地面积的 14%；水利工程用地面积最大的是长寿区、涪陵区和万州区，其面积依次为 6 405.28hm²、2 909.67hm²、1 989.31hm²；面积最小的大渡口区只有 6.44hm²。全市水库水面面积为 35 437.82hm²，占水利工程用地的 94%；水利建筑用地 2 067.77hm²，占水利工程用地的 6%。水库水面面积最大为长寿区、涪陵区、万州区和大足区，其值依次为 6 368.31hm², 2 824hm², 1 887.13hm², 1 801.67hm²；面积最小的大渡口区仅为 5.73hm²。水工建筑面积最大的武隆县、彭水县、万州区和合川区，依次为 345.68hm², 113.18hm², 102.18hm², 102.09hm²；面积最小的为大渡口区和石柱县，分别为 0.71hm², 1.65hm²。长寿区水利工程用地面积最大主要是因为长寿湖为我国西南最大的人工湖，其水面面积为 6 000hm²；涪陵区和万州区是因长江由西至东贯穿其辖区，且这两个区地势较平坦，区内水库等水利设施较多；主城区水利工程用地面积较小主要是为其土地面积小，城市化水平最高，土地主要用于城市建设。

四个区域中，主城区水利工程用地面积相对较小，一小时经济圈较大，两翼区县起伏较大。如图 4-2 所示，主城九区除渝北区外其余水利工程用地面积均小于全市平均值，从左到右九个区对数趋势线总体呈现增加趋势，且趋势线在平均水平线之下。其中，渝中区无水利工程用地，大渡口区、江北区及南岸区水利工程用地面积很小，渝北区略高于全市平均。如图 4-3 所示，一小时经济圈的 12 个区县中，前十个区县在全市平均上下波动，涪陵区和长寿区最大，其对数趋势线与全市平均水平线相交，且依次呈现出增加趋势。如图 4-4 所示，渝东南翼 6 个区县水利工程用地面积形似"M"，增减交替。武隆县和酉阳县水利工程用地位于全市平均水平线之上，其余四个区县则反之，其对数趋势线略微呈现为水平线。渝东北翼 11 个区县中只有万州区、丰都县和云阳县高于全市平均水平线，巫山县水利工程用地面积最小，其趋势线呈现为向右下倾斜（见图 4-5）。

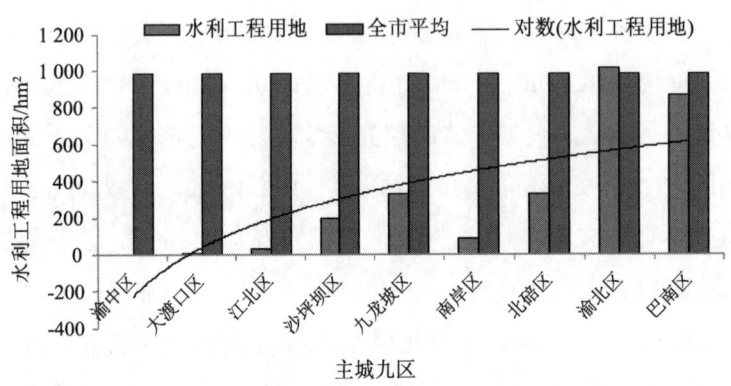

图4-2 主城九区2011年水利工程用地与全市平均水平对比图

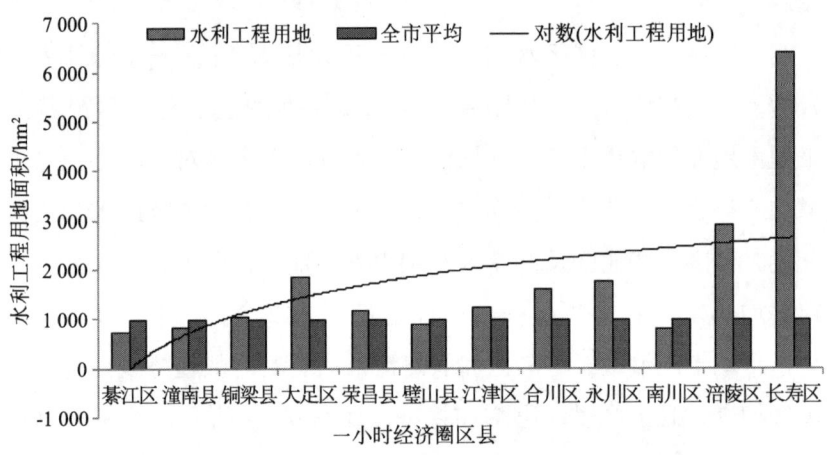

图4-3 一小时经济圈区县2011年水利工程用地面积与全市平均水平对比图

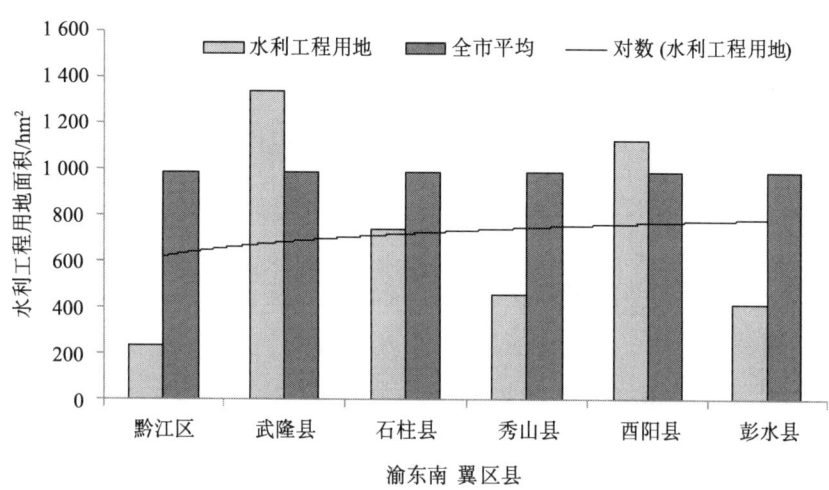

图 4-4　渝东南翼区县 2011 年水利工程用地面积与全市平均水平对比图

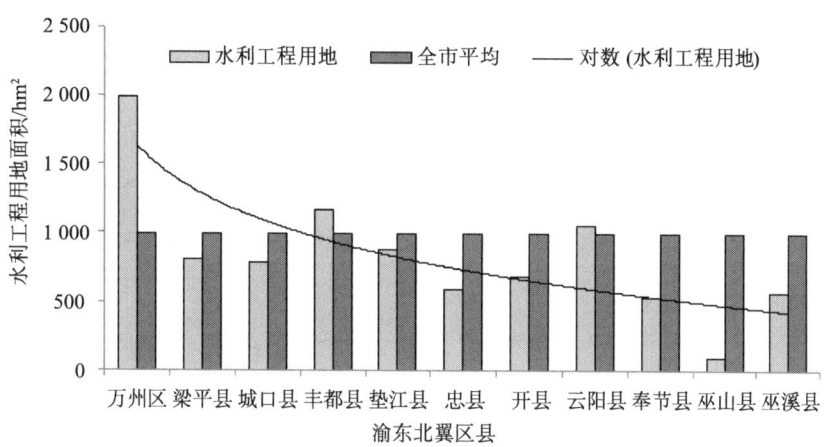

图 4-5　渝东北翼区县 2011 年水利工程用地面积与全市平均水平对比图

4.2 重庆市水利工程用地时间变化

重庆自1997年直辖以来,全市经济社会得到了突飞猛进的发展,一系列政策的实施使得西部经济中心城市和长江上游中心城市的地位不断突出,水利工程建设也取得了显著的发展。三峡工程改变了重庆市水利工程格局,极大地促进了重庆市水利工程的发展。从2003年开始蓄水到2008年,重庆市水利工程用地发生了急剧变化。

1997年直辖以来,重庆市水利工程用地呈现出平稳增长、急剧增加和增减交替三个阶段;水库水面变化和水利工程用地较相似,水工建筑用地则变化比较无序。具体来讲,1997~2002年五年间重庆市水利工程用地呈现平稳增长趋势,1997年为27 326.55hm^2,2002年为29 687.99hm^2;从2003~2007年为急剧增加,依次为43 992.67hm^2、53 343.99hm^2、53 585.49hm^2、53 842.88hm^2、54 466.86hm^2。2003年开始主要是因为三峡水库开始蓄水,长江水位上涨淹没区面积加大,形成众多水库水面,之后下降至2008年的50 568.88hm^2,从2009年开始呈现增减交替现象,至2011年重庆市水利工程用地为47 245.70hm^2。水库水面在此期间也呈现出先平稳增加后急剧增加再急剧增减最终处于比较稳定水平,至2011年该面积为35 437.82hm^2,为同年水利工程用地的75%,而从1997~2007年这一数据基本稳定在96%上下,最近几年稳定在74%左右。而水工建筑用地则呈现出较复杂的变化,从1997~2004年为平稳期,其中1997年为1 122.22hm^2,2004年为1 364.89hm^2;之后逐渐增加至

2007 年的 1 769.41hm²；到 2006 年出现急剧增加，2011 年低位 11 807.88hm²，其余具体数据详见表 4-4。

表 4-4　　重庆市 1997~2011 年水利工程用地统计表

年份	水利工程用地（hm²）	水库水面（hm²）	水工建筑（hm²）
1997	27 326.55	26 204.33	1 122.22
1998	28 417.04	27 230.73	1 186.31
1999	28 784.74	27 491.73	1 293.01
2000	29 396.41	28 105.32	1 291.09
2001	29 583.15	28 290.52	1 292.63
2002	29 687.99	28 371.77	1 316.21
2003	43 992.67	42 682.87	1 309.81
2004	53 343.99	51 979.10	1 364.89
2005	53 585.49	51 938.99	1 646.51
2006	53 842.88	52 145.41	1 697.47
2007	54 466.86	52 697.45	1 769.41
2008	50 568.88	43 814.57	6 754.31
2009	46 670.90	34 931.69	11 739.21
2010	46 708.22	34 927.07	11 781.15
2011	47 245.70	35 437.82	11 807.88

水库水面占全市水利工程用地的大部分，水工建筑所占比重呈增大趋势；15 年间水库水面与水域及水利设施用地变化不一致，前者呈现为上升型，后者则为两边高中间凹。总的来说，15 年期间水库水面占水利工程用地的比重降低，而水工建筑用地比重则呈现为增加，但水库水面仍然占大部分，平均为 91%，后者平均为 9%。二者呈现如图 4-6 所示变化主要是因为三峡工程使得水利工程用地增加了，而河流水面的暂时减少使全市水域及水利面积呈现如图所示变化。

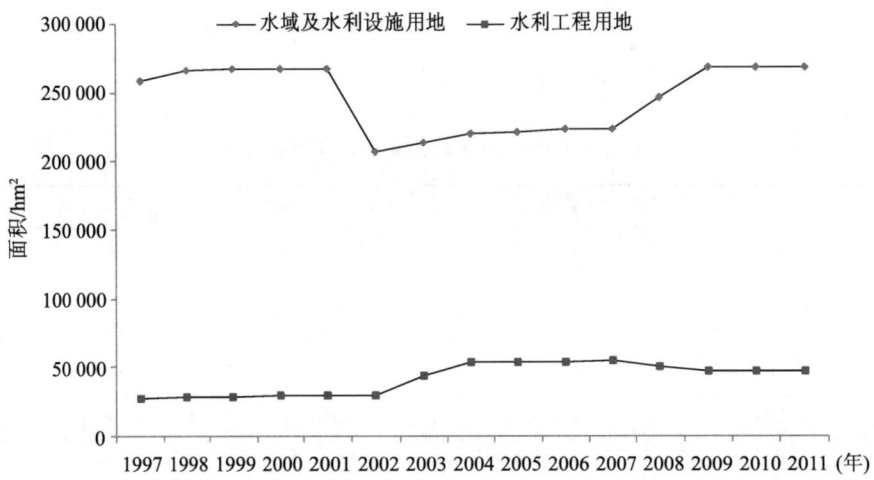

图4-6 重庆市1997～2011年水利工程用地面积与水域及水利设施用地变化图

4.3 重庆市水利工程用地空间变化

4.3.1 重庆市水利工程用地空间变化

选取不同年份水利工程用地数据进行对比，得出不同年份38个区县水利工程用地的空间分布及其变化情况。以1997年全市水利工程用地为基期数据，选取三峡水库蓄水的前一年2002年、开始蓄水2003年、结束蓄水2008年，以及2011年全市38个区县水利工程用地数据，将水利工程用地面积分为0～50hm² (Ⅰ极小区县)、50～100hm² (Ⅱ很小区县)、100～500hm² (Ⅲ较小区县)、500～

1 000hm²（Ⅳ中等区县）、1 000～1 500hm²（Ⅴ较大区县）、1 500～2 000hm²（Ⅵ丰富型区县）、>2 000hm²（Ⅶ最大富足型区县）七个数据区间。1997年全市38个区县中有4个区县水利工程用地面积属于Ⅰ极小区县，分别为主城三个区和巫溪县；属于Ⅱ很小区县的有3个——南岸区、城口县和巫山县；Ⅲ较小区县和Ⅳ中等区县共有22个，主要集中在渝东南翼和渝东北翼的西面区县；Ⅴ较大区县有6个，主要集中在渝西地区；水利工程用地大于1 500hm²的只有3个区县，分别为万州区、大足区和长寿区，而长寿区为全市水利工程用地最富足区。1997年38个区县水利工程用地分布差异较大，水利工程用地比较大的区县多位于渝西及长江沿岸，主城区和两翼边缘县水利工程用地较小。

除2003年三峡蓄水导致全市38个区县水利工程用地空间布局变化较大外，所选相邻年份间水利工程用地空间变化不大，且重庆长江中下游区县水利工程用地逐渐趋于丰富型。从1997年重庆直辖至2002年，全市38个区县水利工程用地差距逐渐缩小，中等面积的区县增多，渝西地区部分区县水利工程用地面积有减小趋势，两翼边缘地区水利工程用地变化不大，但主城9区水利工程用地面积有增大趋势。这说明直辖最初几年全市水利建设比较缓慢。与2002年相比，2003年全市38个区县中渝西及渝东南翼变化不大，但渝东北翼长江沿岸区县变化很大，云阳、奉节、巫山三个县水利工程用地上升至最大的两个类型，这说明三峡蓄水对渝东北翼长江沿岸区县水利工程用地的影响很大。与2003年相比，2008年水利工程用地处于长江流域的区县增大的趋势比较明显，云阳县已增加至最富足类型区，其余区县均略有所增加。

与2008年相比，2011年多数区县水利工程用地变化明显，这不仅体现在高等级类型区县数量减少，还体现在部分区县水利工程用地的直接减少。水利工程用地面积大于 1 500hm² 的区县减少了一个,即丰都县降低至Ⅴ类型区,但大足区、合川区、涪陵区、长寿区以及万州区 5 个区县水利工程用地分布等级为Ⅵ、Ⅶ;38 个区县中水利工程用地处于 500~1 500hm² 中等区县的有 21 个。此外,在众多区县水利工程分布等级逐渐变小的大趋势下,涪陵区分布等级明显上升了两个等级。

4.3.2　重庆市水利工程用地区域变化

水利工程用地空间变化还体现在不同区域年平均值变化不相同。受地理位置及经济发展速度等的影响,1997~2011 年重庆市不同区域水利工程用地平均值变化不相同。经济发展较快的都市区及一小时经济圈 15 年间水利工程用地平均值变化没有两翼明显,且两翼中长江沿岸的渝东北翼起伏大。具体来讲,都市圈 15 年间水利工程用地平均值呈现平稳增减交替,到 2010 年后处于比较稳定水平,主城 9 个区 2011 年底水利工程用地平均值为 317.66hm²。这主要是因为主城区经济发展速度快,城市的高速发展使得可利用土地资源逐渐减小,城市向水利工程要地,但主城 9 区多位于长江和嘉陵江沿岸,三峡工程的建设增加了该区域水利工程用地面积,因此主城区 15 年间水利工程用地总体呈现稳定增加趋势。

一小时经济圈 12 个区县呈现平稳增加趋势。这 12 个区县是全市除主城 9 个区外地理位置及自然条件最好的区域,该区域有长江南北网状的水系,水资源丰富,也是基本农田比重最高的区域。区位及自然条件等因素综合使得一小时经济圈水利工程用地呈现平稳态势。渝东南翼 6 个区县从 1997 年开始其平均值比较稳定,从 2003~2007 年为增长的第一阶梯，2007~2011年为第二阶梯（如图4-7所示）。该区域水利工程用地基数较小，1997年6个区县水利工程用地、水库水面用地以及水工建筑用地面积均值分别为351.71hm²、343.53hm²、8.18hm²，15年间水利工程用地面积水库水面面积和水工建筑用地面积分别增长了104%、82%、1 059%，增长幅度大，这也是经济社会发展的需要决定的。

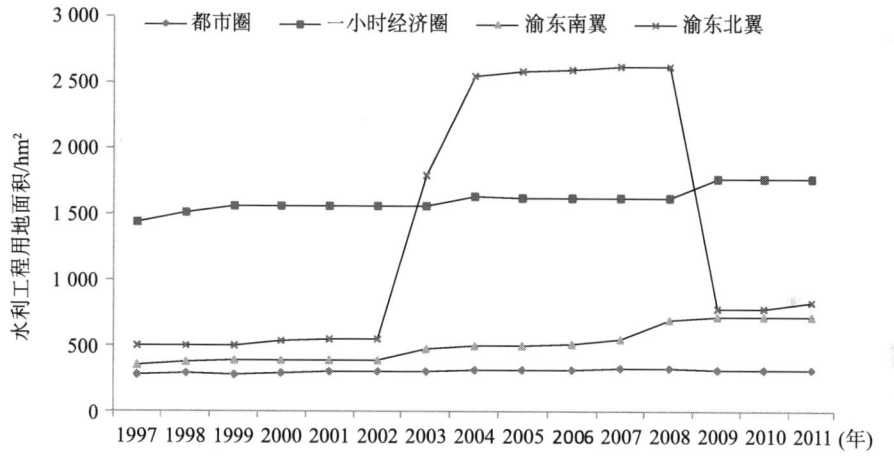

图4-7 重庆市不同区域1997~2011年水利工程用地面积均值变化图

而渝东北翼15年间水利工程用地平均值变化最大，呈现为"几"字形。2002年之前渝东北翼11个区县水利工程用地均值比较稳定，从2003年开始急剧增加，2004年以后的4年维持在最大水平，到2009年出现急剧减少，最终维持在2011年的830.26hm²。这主要是由于长江由西至东贯穿渝东北翼。受三峡工程的影响，该区域从2003年开始水利工程用地均值急剧增加，并在三峡蓄水期间维持在最大值，即2008年的2 623.65hm²；而到2009年该区域水库水面急剧减少，使得水利工程用地面积均值出现急剧减少，并最终保持在2011

年的 830.27 hm²。

4.4 重庆市在建水利工程用地特征分析

4.4.1 规划在建大中型水利工程

本研究主要通过选取重庆市在建的大中型水利工程进行分析研究，对其占地情况、占地耕地情况进行对比分析。通过表 4-5 发现，规划在建 36 座大中型水利工程，总库容达 100 232 万立方米，淹没占地面积达到 6 598 公顷，淹没耕地面积 3 808 公顷，耕地面积占总面积比例 57.72%；每一千万方库容（$10^8 m^3$）需淹没占用土地 65.82 公顷，其中淹没耕地 37.99 公顷，淹没搬迁人口 354 人。

从数量上看，淹没土地面积最大的是巴南观景口水库工程，其征地总面积达 803.80 公顷，征用耕地面积 482.80 公顷。淹没指标最小的属酉阳九龙眼水库工程，其征地面积仅为 40.67 公顷，淹没耕地 5.60 公顷，耕地占比仅为 13.77%。

从水库规模来看，大型水库工程淹没耕地占土地总面积的平均比例为 58.91%，中型水库工程淹没耕地占土地总面积的平均比例为 53.12%。

从区域分布来看，重庆市主城区内中型水库工程耕地平均占比 49.5%，渝南地区中型水库工程耕地平均占比 63.55%，渝西地区中型水库工程耕地平均占比 60.24%，渝东北地区中型水库工程耕地平均占比 54.67%，渝东南地区中型水库工程耕地平均占比 46.04%。

占用耕地的比值与地形地貌成正比，类似渝西浅丘、中丘地貌，其占用耕地比值较大；类似渝东南（酉阳、黔江、武隆、彭水）及渝东北（城口、巫山）等地区，以中、高山地形地貌为主，水库工程占用土地的耕地比值较小。

表 4-5　重庆市规划在建 36 个大中型水利工程主要淹没指标表

序号	区县	工程名称	水库规模	设计总库容（万立方米）	征地总面积（公顷）	征用耕地面积（公顷）	搬迁人口（人）	耕地面积比例（%）
1	南川区	金佛山水库工程	大型	10 300	428.87	204.40	3 501	47.66
2	大足区	玉滩水库工程	大型	15 460	698.00	481.73	2 929	69.02
3	巴南区	观景口水库工程	大型	15 100	803.80	482.80	5 770	60.06
4	渝北区	观音洞水库工程	中型	4 903	322.67	129.00	861	39.98
5	渝北区	苟溪桥水库工程	中型	1 050	102.93	49.80	397	48.38
6	南岸区	迎龙湖水库工程	中型	1 798	174.53	105.53	1 571	60.47
7	巴南区	高洞子水库工程	中型	1 025	69.60	38.60	458	55.46
8	巴南区	龙岗水库工程	中型	1 107	130.93	56.67	361	43.28
9	万盛区	青山湖水库工程	中型	1 205	106.67	77.53	763	72.69
10	南川区	鱼枧水库工程	中型	1 295	61.07	30.93	344	50.66
11	綦江区	黄沙水库工程	中型	1 107	126.00	103.87	1 069	82.43
12	江津区	鹅公水库工程	中型	1 035	72.27	35.00	220	48.43
13	大足区	胜天湖水库工程	中型	1 053	417.00	309.93	1 340	74.32
14	潼南区	大石桥水库工程	中型	1 601	314.67	207.73	1 482	66.02
15	璧山县	三江水库工程	中型	1 471	76.60	30.93	666	40.38
16	垫江县	盐井溪水库工程	中型	1 053	150.27	124.87	914	83.10
17	垫江县	龙滩水库工程	中型	1 651	216.20	114.53	775	52.98
18	长寿区	范家桥水库工程	中型	2 226	242.00	200.33	1 388	82.78
19	长寿区	龙门桥水库工程	中型	1 117	99.07	65.47	814	66.08
20	忠县	金鸡水库工程	中型	1 100	115.67	80.07	652	69.22
21	万州区	大滩口水库工程	中型	6 480	165.00	102.07	1 144	61.86

续表

序号	区县	工程名称	水库规模	设计总库容（万立方米）	征地总面积（公顷）	征用耕地面积（公顷）	搬迁人口（人）	耕地面积比例（%）
22	涪陵区	红星水库工程	中型	1 074	128.27	63.73	335	49.69
23	云阳县	青衫水库工程	中型	1 084	76.00	28.53	797	37.54
24	丰都县	梨子坪水库工程	中型	2 058	88.53	47.87	452	54.07
25	奉节县	草坪河水库工程	中型	1 113	57.40	14.40	275	25.09
26	巫山县	中洞桥水库工程	中型	1 052	76.27	33.40	478	43.79
27	城口县	龙峡水库工程	中型	1 061	78.13	23.40	557	29.95
28	秀山县	隘口水库工程	中型	3 580	163.20	89.20	718	54.66
29	秀山县	桐梓水库工程	中型	1 010	67.93	44.00	636	64.77
30	石柱县	万胜坝水库工程	中型	2 815	226.87	127.33	1 202	56.13
31	石柱县	东方红水库工程	中型	1 059	105.47	48.80	618	46.27
32	彭水县	三江口水库工程	中型	6 813	349.27	129 07	1 350	36.95
33	彭水县	龙虎水库工程	中型	1 087	95.60	61.20	66	64.02
34	彭水县	凤升水库工程	中型	1 132	82.40	40.87	218	49.60
35	黔江区	老窖溪水库工程	中型	1 047	68.20	19.27	265	28.25
36	酉阳县	九龙眼水库工程	中型	1 110	40.67	5.60	107	13.77

从单位指标进行分析，以每千万方蓄水量为单位，每千万方水库库容淹没占用土地总面积指标最大的是大足胜天湖水库工程，为396.01公顷/千万方；每千万方水库库容淹没占用耕地总面积指标最大的也是大足胜天湖水库工程，为294.33公顷/千万方。位居第二位的是潼南大石桥水库工程，每千万方水库库容淹没占用土地总面积指标为196.54公顷，每千万方水库库容淹没占用耕地面积指标129.55公顷。

通过单位库容淹没土地面积 >100hm² 进行筛选可以发现，分别是大足胜天湖水库、潼南大石桥水库、垫江盐井溪水库、龙滩水库、涪陵红星水库、巴南龙岗水库、长寿范家桥水库和綦江黄沙水库。它们都有以下共同点，就是在重庆市1小时经济圈范围内，地形地貌均以浅、中丘为主，是重庆市粮食主产区和工业重区，对水资源的需求量较大。

通过对单位库容淹没土地面积 $<50\text{hm}^2$ 进行筛选可以发现，单位库容占地面积最小的是万州大滩口水库，为 25.46 公顷；占用耕地最小的是酉阳九龙眼水库，为 5.05 公顷，是选址占地最为优越的一个水利工程；其他的分别是南川金佛山、大足玉滩、南川鱼枧、万州大滩口、酉阳九龙眼、丰都梨子坪、秀山隘口，总结他们有一个较大的共同点，除鱼枧、九龙眼外，其他库容均超过 2 000 万立方米，以玉滩最大，为 15 460 万立方米。

表 4-6　重庆市规划在建 36 个大中型水利工程单位淹没指标表

序号	区县	工程名称	水库规模	设计总库容（万立方米）	每千万方库容征地总面积（公顷）	每千万方库容征用耕地总面积（公顷）	每千万方库容搬迁人口（人）
1	南川区	金佛山水库工程	大型	10 300	41.64	19.84	340
2	大足区	玉滩水库工程	大型	15 460	45.15	31.16	189
3	巴南区	观景口水库工程	大型	15 100	53.23	31.97	382
4	渝北区	观音洞水库工程	中型	4 903	65.81	26.31	176
5	渝北区	苟溪桥水库工程	中型	1 050	98.03	47.43	378
6	南岸区	迎龙湖水库工程	中型	1 798	97.07	58.69	874
7	巴南区	高洞子水库工程	中型	1 025	67.90	37.66	447
8	巴南区	龙岗水库工程	中型	1 107	118.28	51.19	326
9	万盛区	青山湖水库工程	中型	1 205	88.52	64.34	633
10	南川区	鱼枧水库工程	中型	1 295	47.16	23.89	266
11	綦江区	黄沙水库工程	中型	1 107	113.82	93.83	966
12	江津区	鹅公水库工程	中型	1 035	69.82	33.82	213
13	大足区	胜天湖水库工程	中型	1 053	396.01	294.33	1273
14	潼南县	大石桥水库工程	中型	1 601	196.54	129.75	926
15	璧山县	三江水库工程	中型	1 471	52.07	21.03	453
16	垫江县	盐井溪水库工程	中型	1 053	142.70	118.58	868
17	垫江县	龙滩水库工程	中型	1 651	130.95	69.37	469
18	长寿区	范家桥水库工程	中型	2 226	108.72	90.00	624

续表

序号	区县	工程名称	水库规模	设计总库容（万立方米）	每千万方库容征地总面积（公顷）	每千万方库容征用耕地总面积（公顷）	每千万方库容搬迁人口（人）
19	长寿区	龙门桥水库工程	中型	1 117	88.69	58.61	729
20	忠县	金鸡水库工程	中型	1 100	105.15	72.79	593
21	万州区	大滩口水库工程	中型	6 480	25.46	15.75	177
22	涪陵区	红星水库工程	中型	1 074	119.43	59.34	312
23	云阳县	青衫水库工程	中型	1 084	70.11	26.32	735
24	丰都县	梨子坪水库工程	中型	2 058	43.02	23.26	220
25	奉节县	草坪河水库工程	中型	1 113	51.57	12.94	247
26	巫山县	中洞桥水库工程	中型	1 052	72.50	31.75	454
27	城口县	龙峡水库工程	中型	1 061	73.64	22.05	525
28	秀山县	隘口水库工程	中型	3 580	45.59	24.92	201
29	秀山县	桐梓水库工程	中型	1 010	67.26	43.56	630
30	石柱县	万胜坝水库工程	中型	2 815	80.59	45.23	427
31	石柱县	东方红水库工程	中型	1 059	99.59	46.08	584
32	彭水县	三江口水库工程	中型	6 813	51.26	18.94	198
33	彭水县	龙虎水库工程	中型	1 087	87.95	56.30	61
34	彭水县	凤升水库工程	中型	1 132	72.79	36.10	193
35	黔江区	老窖溪水库工程	中型	1 047	65.14	18.40	253
36	酉阳县	九龙眼水库工程	中型	1 110	36.64	5.05	96

4.4.3 重庆典型水利工程概况

（1）金佛山水利工程

金佛山水库位于距南川区 54km 的头渡镇，地处綦江右岸一级支流藻渡河上源柏枝溪上游的响水河段，坝址控制流域集雨面积 180.8km²，是一座以灌溉、供水为主、兼顾发电等综合利用功能的大型水利工程。

金佛山水库坝址以上控制集雨面积为 180.8km²，多年平均来水量 13 087 万立方米。水库正常蓄水位 836.00m，相应库容 9 614.6 万立方米，水库总库容 1.03 亿立方米，灌溉面积 30.59 万亩。多年平均灌溉水量 6 298 万立方米，多年平均工业及人畜供水量 3 596 万立方米，每年下泄多年平均径流量的 10% 的生态流量，即 1 309 万立方米。混凝土面板堆石坝，坝顶高程 840.80m，防浪墙顶高程 842.00m，最大坝高 108.80m，灌区渠系共布置 7 条，其中总干渠 1 条，干渠 4 条，分干渠 2 条，总干渠、干渠及分干渠线路总长 120.29km。其中，明渠总长 81.61km，隧洞 14 座，总长 31.11km；渡槽 8 座，总长 0.74km；倒虹吸 11 座，长 5.69km；暗渠 3 座，长 0.53km；陡坡 1 座，长 0.57km；公路涵洞 1 座，长 0.027km。

选取金佛山水利工程作为本研究对象的理由：

- 该工程属大型水利工程，地处重庆南部；
- 该水库功能以农业灌溉为主；
- 该水库工程规模复杂，占地量大。

（2）渝北观音洞水库工程

观音洞水库正常蓄水位为 341.0 米，死水位为 312.0 米，总库容 4 906 万立方米，正常蓄水位以下库容为 4 278 万立方米，调节库容 3 844 万立方米，为年调节水库。校核洪水位为 343.07 米（$P=0.1\%$）和 343.57 米（$P=0.05\%$）。观音洞水库工程是以主城区备用水源及应急水源为主，兼有农业灌溉、场镇供水、农村人畜饮水及生态环境保持等综合效益。

观音洞水库工程一期工程的建设任务是以主城区备用水源及应急水源为主，主要为渝北空港经济开发区和两路城区供水。水库总库容 4 903 万立方米，根据《水利水电工程等级划分及洪水标准》（SL252—2000），该工程属Ⅲ等工程。枢纽建筑物中挡水建筑物（沥青砼心墙石渣坝）、泄水建筑物（有闸控制正堰溢洪道）为 3 级建筑物，消能防冲及其他次要建筑物为 4 级建筑物，临时建筑物为 5 级建筑物。

选取观音洞水利工程作为本研究对象的理由：
- 该水库工程以主城区供水为主；
- 该水库工程地处渝北，靠近主城建成区。

(3) 长寿龙门桥水库工程

龙门桥水库工程是以城乡供水和农业灌溉为主，兼有防洪综合利用的中型水库工程。面板堆石坝最大坝高 45.30 米，水库正常蓄水位 309.00 米，相应库容 972 万立方米，死水位 287 米，死库容 58 万立方米，调节库容 914 万立方米，总库容 1117 万立方米，设计灌溉面积 0.76 万亩，可供 8.1 万城镇人口、0.44 万农村人口和 2.95 万头大小牲畜饮水。面板堆石坝位于何家沟，距龙门桥上游约 180.0 米处（龙门桥和龙门小学之间），坝线处河床高程 275.40 米，坝顶高程 312.1 米，最大坝高 45.3 米。借水工程有两处：一处位于大坝下游右侧梅子沟，距龙门桥上游约 1 400 米处，其借水面积约 6.08 km^2，借水工程由取水坝，取水口，引水隧洞组成；另一处借水工程位于苦竹沟，距龙门桥上游约 450 米处，借水面积约 0.82 km^2。渠系工程由一条干渠（晏家干渠）和两条支渠（白庙支渠和古佛支渠）组成。灌区设计渠线总长 22.38km，其中：干渠渠线长 7.41km，白庙支渠渠线长 10.13km，古佛支渠渠线长 4.84km。

选取龙门桥工程作为本研究对象的理由：
- 该水库工程位于重庆 1 小时经济圈，且位于工业重区——长寿；
- 该水库工程以工业供水、城乡供水为主。

(4) 石柱东方红水利工程

东方红水利工程是一座以灌溉为主的Ⅲ等中型水利工程，位于重庆市石柱县中部，地处方斗山山脉的东翼，坝址位于悦来镇蜜红村桥连组，地理位置坐标：东经 108°13′~108°14′、北纬 30°11′~30°18′。坝址以上流域面积 23.2km²，平均比降 12.7‰，河道长度 10.7km，距石柱县城 33km。

水库正常高水位 973.00m 时，水库相应平水库长 4.26km，库区总面积 0.712km²，死水位 956.00m，水库总库容 1 059 万 m³，调节库容 685 万 m³，死库容 127 万 m³。淹没涉及石柱县悦来镇和鱼池乡两个乡（镇）2 个村 4 个村民组。设计灌溉面积 30 196 亩，干支渠总长 60.333km，设计引用流量 1.84m³/s，设计年供水量 1594 万 m³（其中：灌溉供水量 882 万 m³，其他供水供水量 712 万 m³）。主要建筑物等级为 3 级，由一座水库、一座渠道跌水电站及一条干渠和三条支渠组成。

选取石柱东方红水利工程作为本研究对象的理由：

- 该水库工程位于渝东南区域；
- 该水库工程主要功能以灌溉为主；
- 该区域以种植石柱红辣椒等经济作物为主，经济作物种植方面具有典型性。

表 4-7　　　　南川金佛山等 4 个水利工程主要特性表

序号	项目	单位	南川金佛山	渝北观音洞	长寿龙门桥	石柱东方红
1	总库容	万立方米	10 277	4 903	1 117	1 059
2	设计灌溉面积	万亩	2.04	0.39	0.05	0.20
3	坝型		混凝土面板堆石坝	碾压式沥青砼心墙石渣坝	面板堆石坝	混凝土重力坝
4	最大坝高	米	108.8	61	45.3	58
5	总投资	万元	201 990	85 700	28 504	32 967
6	建设征地	公顷	428.87	322.67	99.07	105.47
7	其中耕地	公顷	204.40	129.00	65.47	48.80

第 5 章

大中型水利工程建设对占用耕地的影响 I——价值损失

第 5 章　大中型水利工程建设对占用耕地的影响 I ——价值损失

水是基础性自然资源和战略性经济资源，是社会经济发展和生态环境保护的控制性要素，在人类社会发展中具有特殊的不可或缺的重要地位和作用。近年来，极端气候频现，尤其是在我国西南地区，工程性缺水现象十分明显。为解决工程型缺水问题，缓解西南地区干旱现象，国家加快了西南地区水利工程的建设步伐。随着水利工程的建设，在给人类社会发展带来了供水、防洪等利益的同时，不可避免地占用了大量耕地。尤其是在西南地区，优质耕地大都分布在河谷地区，水利工程修建往往会导致大量优质耕地资源被淹没损失，水资源开发利用与耕地资源保护之间的矛盾逐渐凸显。虽然目前已意识到水利工程建设对耕地资源保护构成的威胁，但人们往往以损失耕地资源数量来表示这种威胁，缺少对这种威胁的深入认识。因为对于不同区域来讲，耕地带来的经济效益、提供的生态效益以及承载着的社会稳定功能作用和社会保障功能作用都是有差异的，如果仅仅看到损失的耕地数量，是难以衡量对库区造成的影响程度的。为此，当前需要对库区损失的耕地从数量上的认识上升到更深内涵的认识，即对其实际所承载的经济、社会和生态综合价值的认识，才能更加真实地反映出水利工程建设背景下耕地损失对库区造成的影响。

为此，本研究选取位于西南地区的重庆市南川金佛山水利工程、渝北观音洞水利工程、长寿龙门桥水利工程和石柱东方红水利工程为例，在构思耕地经济价值、社会稳定价值、社会保障价值和生态价值测算思路的基础上，对四个库区耕地价值损失进行了测算，并进一步分析了价值损失特征，以求就大中型水利工程建设背景下区域耕地损失对库区造成的影响有更加准确的认识，为水利工程建设决策提供一定参考依据。

5.1 数据来源与方法

5.1.1 数据来源

本研究数据主要来源于两个:

一是相关统计报表、研究报告和规划报告。统计报表包括乡镇社会经济统计报表、土地台账、实物指标调查统计表等;研究报告主要是由重庆市水利电力建筑勘测设计研究院编制的《重庆南川金佛山水利工程可行性研究报告》(2010年)、《重庆渝北观音洞水利工程可行性研究报告》(2007年)、《重庆长寿龙门桥水利工程可行性研究报告》(2011年)和《重庆石柱东方红水利工程可行性研究报告》(2011年);规划报告主要是南川区土地利用总体规划(2006~2020年)、渝北区土地利用总体规划(2006~2020年)、长寿区土地利用总体规划(2006~2020年)和石柱县土地利用总体规划(2006~2020年)。

二是通过调查获取数据。本研究以南川金佛山水利工程、渝北观音洞水利工程、长寿龙门桥水利工程、石柱东方红水利工程勘界图为基础,分别于2011年4月、5月、6月对金佛山库区、观音洞库区、龙门桥库区、东方红库区进行了抽样调查(抽样区域主要为库区涉及村组)。具体调查时以农户家庭为调查对象,农户家庭耕地地块为基本调查单元。耕地地块的调查内容主要包括:①地块投入情况:包括劳力、雇工、种子、农药、化肥、地膜、蓄力、机械、灌溉等;②产出情况:

包括粮食作物、其他经济作物的产量及市场价格等，且各项调查内容均以正常年份为准。在选取调查耕地地块时，一般单个农户家庭水田、旱地传统粮食作物种植模式、经济作物种植模式各选择一个样本，确保当地各种农作物投入产出情况都被选取调查，同时注意单个农户或不同农户之间的地块样本的差异性。最后，把调查情况与当地村主任、社长、村民代表等人士进行进一步核实，更正偏离实际情况、相对保守的数据，并调查了解库区总体情况：包括总人口和户数，人均耕地面积（田和土），主要作物类型、播种面积、单位产量及价格，各种农资、蓄力、机械、劳动力地均投入量及单价等信息。本次调研共收回水田地块调查问卷 515 份，其中有效问卷 484 份，金佛山、观音洞、龙门桥、东方红 4 个库区分别为 143 份、105 份、121 份、115 份；旱地地块调查问卷 582 份，其中有效问卷 557 份，金佛山、观音洞、龙门桥、东方红 4 个库区分别为 146 份、132 份、141 份、138 份。

5.1.2 研究方法

5.1.2.1 经济价值测算方法

耕地属于农用地，毫无疑问，在进行耕地经济价值研究时，主要采用农地价格评估方法。在国外，农地价格评估常使用收益还原法、成本核算法、土壤潜力评估法、市场比较法、数学建模等方法。在国内，20 世纪 90 年代农地价格评估工作开始兴起并推广，相关估价方法得到应用和发展。这一时期出台的《农用地估价规程》（TD/T1006-2003）（中华人民共和国国土资源部 2003 年 4 月 8 日发布）中，提到了常用的农地估价方法主要包括：收益还原法、成本估价法、剩余法、市场比较估价法、计分评估法及基准地价系数修正法。

收益还原法是最早的土地估价方法，在我国目前耕地经济价值测算中是一种普及率高且有坚实理论基础支撑、受众多学者认可的方法，有完善的估价思路和成熟的操作模式。Burt（1986）、Falk（1991）等学者甚至指出，从理论上讲收益还原法相当完美。

收益还原法是土地价格评估中最常用的方法。根据收益还原法的思路，耕地资源的经济价值应等于耕地年净收益除以贴现率，基本公式为：

$$V_c = \frac{a}{r} \tag{5-1}$$

式中：V_c——耕地经济价值；a——耕地年净收益；r——贴现率。

当使用年限为有限年期，其他条件不变时，其公式为：

$$V_c = \frac{a}{r}\left[1 - \frac{1}{(1+r)^n}\right] \tag{5-2}$$

式中：V_c——耕地使用年限的经济价值；a——耕地年净收益；r——贴现率；n——耕地使用年限。

当未来耕地净收益和贴现率不固定，则 n 年的耕地经济价值可表示为：

$$V_c = \frac{a_1}{1+r_1} + \frac{a_2}{(1+r_1)+(1+r_2)} + \cdots + \frac{a_n}{(1+r_1)+(1+r_2)+\cdots+(1+r_n)} \tag{5-3}$$

式中：V_c——耕地经济价值；a_1、$a_2 \cdots a_n$——耕地各年的净收益；r_1、$r_2 \cdots r_n$——各年的贴现率；n——耕地使用年限。

（1）耕地净收益的确定

耕地净收益是指一年内种植各种农作物所获取的经济纯收益，基本平衡关系为：

耕地净收益 = 耕地总收益 - 耕地总费用

①耕地总收益的确定。耕地总收益是对"耕地上各种农产品产量乘以相应市场价格"求和所得的价值量。它通常包括农业主副产品价值量。本研究只针对主产品的价值量。

另外，计算耕地总收益，需要特别指出的是，是排除了实际收益中特殊、偶然因素影响后所得的一般正常收入。本研究耕地总收益以正常年份区域耕地种植的各种作物的主产品产量乘以同期相应市场价格求和所得。

②总费用的计算。总费用包括物力投入、人力投入和平均利润三部分。其中，物力投入包括种子、农药、化肥、地膜、蓄力、机械、灌溉等费用；人力投入包括自有劳动力和雇工，人工单价采用2011年研究区域用工标准；平均利润（指因投资农业而放弃投资其他产业的机会成本）采用社会平均利润率乘以物质投入费用得到。

（2）贴现率的确定

还原利率的选择是估价的关键环节和步骤，选择的准确度对耕地价值的估算结果影响十分明显。目前学术界对还原利率的确定有多种观点，如安全利率加风险调整值、复合贴现率、存款利息率、贷款利息率，以及我国台湾学者林英彦提出的实质利率［收益还原率 = 一年期银行存款利率 × （1 - 10% 所得税率）/同期物价指数］等等。本研究参照林英彦的实质利率基本公式确定，修正后公式为：

$$r = \frac{b}{c}(1-d) \qquad (5-4)$$

式中：b 为 1 年期银行存款利率，采用 2011 年 7 月 7 日中国人民银行公布的一年期定期存款年利率 3.50%；c 为同期物价指数，采用 2011

年 12 月国家 CPI 为 1.04；d 为农业税率为 0。

由此可得 r 为 3.37%。

(3) 收益年限的确定

《中华人民共和国农村土地承包法》《中华人民共和国物权法》中规定："耕地承包期为三十年……"因此，多数学者在耕地经济价值测算中把耕地的收益年限确定为 30 年。但众所周知，耕地资源具有再生性和循环性，是一种可重复利用的永续资源，只要科学、合理利用，会持续不断地为人类提供各种农产品。因此，本研究把耕地资源的收益年限确定为无限期。

5.1.2.2 社会价值测算方法

耕地资源固有的自然、社会、经济属性决定了其基本功能。在我国特殊的国情下，从微观层面看，耕地仍然承担着保障农民生存发展的职能；从宏观层面看，耕地肩负着维护国家粮食安全和社会稳定的重任。因此，多数学者将我国耕地社会价值归结为两类：社会稳定和社会保障。

(1) 社会稳定功能价值测算

粮食是一种兼具私人物品和公共物品属性的特殊商品，耕地具有公共品的某些特征，具有较强的正外部性。粮食安全效益，也称社会稳定效益，是指耕地由于提供粮食安全带来的社会稳定效应所具有的价值，主要表现为耕地产出的物质产品对一定区域的保证程度。

目前，我国大部分学者计算耕地的社会稳定价值主要采用替代法、影子价格法进行研究。依据替代原则，耕地的社会稳定价值可以用耕地开垦费来衡量。所谓耕地开垦费是指为开垦耕地向非农业建设单位或者个人收取的相关投资费用，是对占用耕地的价值补偿。耕地开垦费标准的确定，包括有形的农田基础设施和无形的土壤经济肥力。计算公式为：

$$K = k_1 + k_2 + k_3 \tag{5-5}$$

式中：K——耕地社会稳定功能价值（万元）；k_1——耕地固定资产量（元），可以依据重置成本法确定单位耕地资源中固定资产价值量，具体根据研究区域不同类型土地开发整理复垦项目的资金投入量（主要用于平田整地、水利设施建设），以及新增耕地后备资源类型（包括土地开发、农村居民点整理、耕地整理和土地复垦）比例进行确定；k_2——耕地培肥投入折现值（元），根据土壤经济肥力形成周期内各年资金投入的现值和确定；k_3——耕地收益损失折现值（元），可通过对土地开发整理后土壤熟化期内各年收益损失折现确定。

（2）社会保障功能价值测算

长期以来，城镇居民享受了社会为其提供的医疗、养老、失业保险等各种社会保障制度，而广大农村地区农村就业、养老保险、合作医疗等社会保障体系尚未建立健全，耕地就天然地代替着城镇居民享受的各种保险的角色，为农民提供基本保障功能。即是说，耕地社会保障价值产生的条件是"政府仅为城镇居民提供大部分社会保险而不为农村人口提供社会保险的情况"。如果政府在城乡居民之间所提供的社会保障金额相等，则不存在耕地的社会保障价值。为此，部分学者提出耕地社会保障价值量应由政府所提供的社会保障资金在城乡居民之间支出的差额来确定。基于此，确定耕地社会保障价值计算公式为：

$$S = \frac{d}{a \times r} \tag{5-6}$$

式中：S——库区耕地单位面积承载的社会保障价值（元/hm²）；d——政府所提供的社会保障资金在城乡居民之间的差额［元/（人·

年)]；a——库区人均耕地面积（hm²/人）；r——还原利率。

5.1.2.3 生态价值测算方法

Costanza 等人在对全球生态系统服务价值进行全面评估的基础上，将全球生态系统功能分为 17 类：气体调节、气候调节、干扰调节、水调节、供水、控制侵蚀和保持沉积物、土壤形成、养分循环、废物处理、传粉、生物控制、避难所、食物生产、原材料、基因资源、休闲娱乐和文化功能。在参考 Costanza 等人研究成果的基础上，谢高地等人将生态服务划分为气体调节、气候调节、水源涵养、水土保持、废物处理、生物多样性、食物生产、原材料生产、休闲娱乐共 9 类，并根据我国实情，研究得出了"我国不同陆地生态系统单位面积生态服务价值表"。本研究的耕地资源生态价值测算主要考虑生态服务功能中的气体调节、水源涵养、水土保持、废物处理和生物多样性保护功能。

(1) 气体调节功能

绿色植物通过光合作用和呼吸作用，维持大气中的碳氧平衡，发挥大气调节功能。对于耕地大气调节价值的评价，首先是计算各种农作物的年净生物量，再根据光合作用原理估算各种农作物固定二氧化碳和释放氧气的量，最后根据固碳制氧成本计算耕地大气调节价值。具体步骤如下：

①各种农作物的年净生物量。各种农作物的年净生物量可根据各种农作物的经济产量和相应的经济系数求得。经济系数即生物产量转化为经济产量的效率。通过文献检索，查出各种农作物的经济系数分别为：水稻经济系数 0.35~0.6、小麦经济系数 0.4~0.5、玉米经济系数 0.35~0.45、红薯经济系数 0.7~0.85、花生经济系数约 0.5、油菜经济系数约 0.28、大豆经济系数 0.12~0.24、蔬菜经济系数 1，农作物生物学

产量在计算时均取中间值。另外，不同农作物经济产量的含水量不同，通常谷物和豆类含水量为15%，薯类为80%。

②各种农作物固定CO_2和释放O_2的量。植物每生产1g的干物质能固定1.62g CO_2，释放1.20g O_2。以据此可估算相应CO_2和O_2的量。

③固碳制氧成本。计算固定CO_2价值量的方法主要有碳税率法和造林成本法。西方国家使用碳税制来限制CO_2的排放。挪威碳税为227美元/tC，瑞典碳税为150美元/tC。环境经济学家们往往选用瑞典税率。而造林成本法是指我国人工营造森林的成本，固定1t纯C成本为260.9元。在此选用造林成本法来估算固定CO_2价值量。

O_2释放价值评估可以采用造林成本法和工业制氧影子价格法，我国工业制氧成本是400元/tO_2。在此选用工业制氧影子价格法来估算O_2释放价值。

④气体调节效益。计算公式为：

$$V_g = 1.62 \times Q \times 0.2729 \times P_c + 1.2 \times Q \times P_O \quad (5-7)$$

$$Q = T \times (1-R)/f \quad (5-8)$$

式中：V_g——气体调节经济效益（元/a）；Q——各种农作物年净生物量；0.2729——CO_2中纯碳的含量（$C/CO_2=0.2729$）；P_c——固碳成本（元/tC）；Po——释氧成本（元/tO_2）；T——作物经济产量；R——作物经济产量含水量；f——经济系数。

（2）涵养水源功能

首先利用水平衡法计算水源涵养量，然后运用影子工程法评价涵养水源效益。计算公式为：

$$V_{w1} = P_w(R - ET)A_w = P_w R\theta A_w \quad (5-9)$$

式中：V_{w1}——涵养水源的生态效益[元/（$hm^2 \cdot a$）]；P_w——研究区域的平均水价（元/m^3），以1988~1991年我国水库建设投资测算的影子工程价格 0.67 元/m³ 替代；R——平均降水量（mm/a）；ET——平均蒸散量（mm/a）；θ——径流系数；A_w——有效供水面积（hm²）。

(3) 水土保持功能

农业生产活动对于保持水土有着积极的意义，农作物对地表的覆盖可增加土壤渗入强度，减轻风水蚀、拦蓄降雨、减缓径流，起到土壤保持作用。农田水土保持价值可以从保持土壤养分、减少土地废弃和减轻泥沙淤积三个方面来评价。要评价农田水土保持价值，首先得计算出农田生态系统的土壤保持量，公式如下：

$$A_c = A(A_p - A_r) \qquad (5-10)$$

式中：A_c——农田土壤保持量（t/a）；A——农田面积（hm²）；A_p——潜在土壤侵蚀量[t/（hm²·a）]；A_r——现实土壤侵蚀量[t/（hm²·a）]。

①保持土壤养分。土壤侵蚀带走了土壤中大量营养物质，如氮、磷和钾。对于保持土壤养分价值的测算，首先要确定所选区域主要土壤类型中氮、磷、钾的平均含量，以及农田土壤保持量来计算出营养物质的保持量，再根据氮、磷、钾肥的价格计算该生态功能价值。公式为：

$$V_a = \sum_i A_c \times C_i \times P_i \qquad (i = N, P, K) \qquad (5-11)$$

式中：V_a——保护土壤养分经济效益（元/a）；C_i——土壤中 N、P、K 的纯含量（%），由于所选区域属于紫色土，均值性较好，故在此以研究区土壤养分平均含量来代替；P_i——N、P、K 价格（元/t），按 2011 年研究区农户长期使用的 N 肥、P 肥、K 肥价格折算得到。

②减少耕地废弃。减少耕地废弃价值采用机会成本法估算。具体方法为：根据土壤保持量和土壤表土平均厚度来推算因土壤侵蚀而造成的废弃土地面积，再用机会成本法计算因土地废弃而失去的年经济价值，

公式为：

$$V_s = A_c \div \rho \div h \times B \div 10\,000 \tag{5-12}$$

式中：V_s——减少耕地废弃的经济效益（元/a）；B——耕地年收益水平（元/hm²），取 2011 年研究区耕地平均收益值；ρ——土壤容重（t/m³）；h——土壤厚度，取平均厚度 0.6m。

③减轻泥沙淤积。按照我国主要流域的泥沙运动规律，全国一般土壤侵蚀流失的泥沙有 24% 淤积于水库、江河、湖泊，这部分泥沙直接造成水库、江河、湖泊蓄水量的下降，在一定程度上增加了干旱、洪涝灾害发生的机会。本研究采用影子工程法来计算减轻泥沙淤积的经济效益。计算公式如下：

$$V_C = 0.24 A_c \times C / \rho \tag{5-13}$$

式中：Vc——减轻泥沙淤积经济效益（元/a）；A_c——农田土壤保持量（t/a）；ρ——土壤容重（t/m³）；C——水库工程费用（元/m³），在此取 0.67 元/m³。

（4）其他功能

耕地生态系统的其他功能本研究主要考虑废物处理和生物多样性保护功能。废物处理功能主要体现在减少环境污染、净化污染物等。生物多样性保护功能，主要是指耕地资源通过自然资源环境和生物群落的整合创造了适宜于生物生存的环境，为生物资源提供了繁衍生息的场所，同时保存了丰富的遗传基因信息，为粮食作物品种改良提供了基因库。测算耕地生态系统的其他功能价值需要大量的数据资料，计算难度较大，因此，本研究依据谢高地等研究得出的"我国不同陆地生态系统单位面积生态服务价值表"（见表 5-1），基于其研究成果进行耕地地块废物处理功能、生物多样性保护功能的效益测算。

表 5-1　我国不同陆地生态系统单位面积生态服务价值表

（元/hm²）	森林	草地	农田	湿地	水体	荒漠
气体调节	3 097.0	707.9	442.4	1 592.7	0	0
气候调节	2 389.1	796.4	787.5	15 130.9	407.0	0
水源涵养	2 831.5	707.9	530.9	13 715.2	18 033.2	26.5
水土保持	3 450.9	1 725.5	1 291.9	1 513.1	8.8	17.7
废物处理	1 159.2	1 159.2	1 451.2	16 086.6	16 086.6	8.8
生物多样性	2 884.6	964.5	628.2	2 212.2	2 203.3	300.8
食物生产	88.5	265.5	884.9	265.5	88.5	8.8
原材料	2 300.6	44.2	88.5	61.9	8.8	0
休闲娱乐	1 132.6	35.4	8.8	4 910.9	3 840.2	8.8

资料来源：谢高地，鲁春霞，冷允法等．青藏高原生态资产的价值评估 [J]，自然资源学报，2003，18（2）：189-196．

谢高地等学者研究得出的"我国不同陆地生态系统单位面积生态服务价值表"提供的是一个全国平均水平的生态服务价值单价，由于生态系统的生态服务功能大小与其容纳的生物量有密切关系，生物量越大，生态服务功能越强，由此，假定生态服务功能强度与经济产量呈线性关系，需进行生态服务单价修正：

$$p_i = k \times P_i \tag{5-14}$$

$$k = b/B \tag{5-15}$$

式中：p_i——修正后的单位面积生态系统的生态服务效益；$i=1$、2，分别代表废物处理功能、生物多样性保护功能；P_i——农田生态系统服务价值基准单价，废物处理功能和生物多样性保护功能分别取 1451.2 元/hm²、628.2 元/hm²；b——库区耕地生态系统单位面积潜在经济产量（t/hm²）；B——我国一级耕地生态系统单位面积平均潜在经济产量，根据王万茂等的研究测算，其值为 10.69t/hm²；k——耕地生态服务价值修正系数。

耕地生态价值为其年生态服务效益与还原利率的商。

5.2 结果与分析

5.2.1 耕地经济价值损失

5.2.1.1 耕地经济纯收益水平测算

(1) 单位播种面积经济纯收益

根据对南川金佛山、渝北观音洞、长寿龙门桥、石柱东方红四个库区耕地地块的抽样调查，可得到各调查耕地地块种植的各种农作物的产量情况，在此基础上，求取各种农作物单位播种面积的平均产量水平及总收益水平（结果如表 5-2 所示）。

表 5-2　　　　四个库区单位播种面积总收益计算表

种类	产量 [kg/(hm²·a)]				价格 (元/kg)	总收益 [元/(hm²·a)]			
	金佛山库区	观音洞库区	龙门桥库区	东方红库区		金佛山库区	观音洞库区	龙门桥库区	东方红库区
水稻	7 500	7 470	7 650	7 275	2.7	20 250	20 169	20 655	19 642.5
小麦	2 910	2 955	2 970	2 700	2.2	6 402	6 501	6 534	5 940
玉米	6 165	5 625	6 000	7 050	2.2	13 563	12 375	13 200	15 510
红苕	26 325	26 475	26 625	26 550	1	26 325	26 475	26 625	26 550
油菜	1 516.5	1 460.36	1 530	1 470	5	7 582.5	7 301.81	7 650	7 350
洋芋	17 325	17 430	17 445	17 550	2	34 650	34 860	34 890	35 100

续表

种类	产量 [kg/(hm²·a)]				价格 (元/kg)	总收益 [元/(hm²·a)]			
	金佛山库区	观音洞库区	龙门桥库区	东方红库区		金佛山库区	观音洞库区	龙门桥库区	东方红库区
花生	1 902	1 905	1 890	2 025	8	15 216	15 240	15 120	16 200
海椒				15 000.00	4				60 000
蔬菜	36 915	36 922.5	36 825	36 165	2	73 830	73 845	73 650	72 330

同样，根据抽样调查成果，可得到各耕地地块种植的各种农作物所消耗的物质投入费用、人工投入费用以及平均利润情况，并在此基础上，求取各种农作物单位播种面积的平均成本费用及纯收益（结果如表5-3所示）。

表5-3　四个库区单位播种面积总费用及纯收益计算表

种类	金佛山库区 [元/(hm²·a)]				
	物质费用	人工费用	平均利润	总费用	纯收益
水稻	4 556.40	7 350.00	546.77	12 453.17	7 796.83
小麦	3 063.75	5 945.40	367.65	9 376.80	-2 974.80
玉米	3 381.90	8 550.00	405.83	12 337.73	1 225.27
红薯	3 750.00	9 600.00	450.00	13 800.00	12 525.00
油菜	1 342.95	7 711.65	161.15	9 215.75	-1 633.25
马铃薯	5 772.75	11 943.30	692.73	18 408.78	16 241.22
花生	2 920.35	8 955.00	350.44	12 225.79	2 990.21
蔬菜	18 469.35	22 456.80	2 216.32	43 142.47	30 687.53

种类	观音洞库区 [元/(hm²·a)]				
	物质费用	人工费用	平均利润	总费用	纯收益
水稻	4 551.90	7 365.00	546.228	12 463.13	7 705.870
小麦	3 078.75	5 960.40	369.45	9 408.60	-2 907.60

续表

种类	观音洞库区 [元/(hm²·a)]				
	物质费用	人工费用	平均利润	总费用	纯收益
玉米	3 396.90	8 580.00	407.628	12 384.53	-9.53
红薯	3 765.00	9 840.00	451.80	14 056.80	12 418.20
油菜	1 348.95	7 726.65	161.874	9 237.47	-1 935.67
马铃薯	5 787.75	11 958.30	694.53	18 440.58	16 419.42
花生	2 935.35	8 970.00	352.24	12 257.59	2 982.41
蔬菜	18 454.35	22 467.30	2 214.52	43 136.17	30 708.83

种类	龙门桥库区 [元/(hm²·a)]				
	物质费用	人工费用	平均利润	总费用	纯收益
水稻	4 553.40	7 362.00	546.41	12 461.81	8 193.19
小麦	3 068.25	5 948.40	368.19	9 384.84	-2 850.84
玉米	3 384.90	8 553.00	406.19	12 344.09	855.91
红薯	3 765.00	9 720.00	451.80	13 936.80	12 688.20
油菜	1 344.45	7 722.15	161.33	9 227.93	-1 577.93
马铃薯	5 774.70	11 949.30	692.96	18 416.96	16 473.04
花生	2 924.25	8 964.00	350.91	12 239.16	2 880.84
蔬菜	18 478.35	22 468.80	2 217.40	43 164.55	30 485.45

种类	东方红库区 [元/(hm²·a)]				
	物质费用	人工费用	平均利润	总费用	纯收益
水稻	4 559.85	7 320.00	547.18	12 427.03	7 215.47
小麦	3 072.75	5 937.90	368.73	9 379.38	-3 439.38
玉米	3 375.15	8 562.00	405.02	12 342.17	3 167.83
红薯	3 759.00	9 480.00	451.08	13 690.08	12 859.92
油菜	1 348.95	7 707.15	161.87	9 217.97	-1 867.97
马铃薯	5 774.25	11 940.30	692.91	18 407.46	16 692.54
花生	2 924.85	8 943.00	350.98	12 218.83	3 981.17
蔬菜	18 475.35	22 449.30	2 217.04	43 141.69	29 188.31
海椒	18 169.35	22 156.80	2 180.32	42 506.47	17 493.53

(2) 库区耕地经济纯收益水平测算

库区耕地经济纯收益水平测算公式如下：

$$a = z \times \sum_{i=1}^{n} \frac{C_i b_i}{B} \qquad (5-16)$$

式中：a——库区耕地经济纯收益水平［元/（hm²·a）］；C_i——第 i 种农作物单位播种面积纯收益［元/（hm²·a）］；b_i——第 i 种农作物播种比例（%）；B——主要农作物播种面积比重合计（%）；z——库区耕地复种指数，南川金佛山、渝北观音洞、长寿龙门桥、石柱东方红四个库区耕地复种指数分别为 2.19、2.22、2.24、2.29；n——农作物种类数。

根据四个库区涉及区域的农经报表及实地调查，2011 年南川金佛山库区主要农作物播种面积比重分别为水稻 23.33%、小麦 6.52%、玉米 9.88%、红苕 12.32%、油菜 11.94%、马铃薯 10.25%、花生 0.45%、蔬菜 15.60%，合计为 90.3%；渝北观音洞库区主要农作物播种面积比重分别为水稻 17.29%、小麦 7.41%、玉米 13.90%、红苕 12.04%、油菜 7.17%、马铃薯 10.30%、花生 3.5%、蔬菜 15.30%，合计为 86.91%；长寿龙门桥库区主要农作物播种面积比重分别为水稻 22.10%、小麦 7.1%、玉米 11.13%、红苕 10.28%、油菜 5.98%、马铃薯 10.60%、花生 5.54%、蔬菜 14.50%，合计为 87.23%；石柱东方红库区主要农作物播种面积比重分别为水稻 18.92%、小麦 0.95%、玉米 8.47%、红苕 2.58%、油菜 3.14%、马铃薯 13.43%、花生 0.56%、海椒 38.25%、蔬菜 4.05%，合计为 90.35%。

经计算，南川金佛山、渝北观音洞、长寿龙门桥、石柱东方红四个库区年耕地经济纯收益水平分别为 23 186.99 元/hm²、22 935.47 元/hm²、23 727.33 元/hm²、30 446.65 元/hm²。

5.2.1.2 耕地经济价值损失测算

耕地经济价值损失是指由于水利工程（南川金佛山库区、渝北观音洞库区、长寿龙门桥库区、石柱东方红库区）修建后，直接淹没和建设占用耕地的减少导致耕地经济价值的减少。

通过运用公式（5-1），可求出以2011年为基准年的南川金佛山、渝北观音洞、长寿龙门桥、石柱东方红四个库区单位耕地面积经济价值分别为688 984.95 元/hm²、681 511.04 元/hm²、705 040.65 元/hm²、904 700.44 元/hm²（如表5-4所示）。相比而言，石柱东方红库区耕地经济价值水平较高，这主要是因为该库区所在地石柱县是川渝鄂地区辣椒第一大县，库区以特色辣椒产业为主导产业，种植辣椒面积比重高达38.25%，加上蔬菜种植，二者合计种植比例为42.3%，远远超过南川金佛山、渝北观音洞、长寿龙门桥三个库区的蔬菜种植比例15.60%、15.30%、14.50%，而蔬菜经济效益好，由此使得石柱东方红库区耕地经济价值水平远远高于另外三个库区。

表5-4　　　　　　　四个库区耕地经济价值损失测算

库区	淹没和建设占用耕地数量（hm²）	库区耕地单位面积经济价值（元/hm²）	耕地经济价值损失（万元）
南川区金佛山	182.92	688 984.95	12 603.14
渝北区观音洞	129.07	681 511.04	8 795.94
长寿区龙门桥	65.46	705 040.65	4 615.24
石柱县东方红	48.84	904 700.44	4 418.32

注：水利工程淹没和建设占用耕地情况来源于《重庆南川金佛山水利工程可行性研究报告》（2010年）、《重庆渝北观音洞水利工程可行性研究报告》（2007年）、《重庆长寿龙门桥水利工程可行性研究报告》（2011年）、《重庆石柱东方红水利工程可行性研究报告》（2011年）。

耕地经济价值损失值则为水利工程建设直接淹没和建设占用耕地面积之和与库区单位耕地面积经济价值之乘积，公式如下：

$$V_s = v \times m_s \qquad (5-17)$$

式中：V_s——为耕地经济价值损失值（万元）；v——为库区耕地单位面积经济价值（元/hm²）；m_s——为水利工程建设直接淹没和建设占用耕地面积之和（hm²）。

经计算，南川金佛山库区、渝北观音洞库区、长寿龙门桥库区、石柱东方红库区水利工程修建后，四个库区耕地经济价值分别损失12 603.14万元、8 795.94万元、4 615.24万元、4 418.32万元。可以看出，四个库区耕地经济价值损失总体与库区淹没和建设占用耕地数量成正比，耕地损失越多，耕地经济价值损失越大。

5.2.2 耕地社会价值损失

5.2.2.1 耕地社会稳定价值损失

（1）单位耕地社会稳定价值测算

①耕地固定资产量。根据南川区、渝北区、长寿区、石柱县土地开发整理规划（2006~2020年），确定各类开发整理项目（土地开发、农村居民点整理、耕地整理、土地复垦）的新增耕地所占比例，依据重庆市丘陵地区各类土地开发整理项目的资金投入成本，测算出2011年南川区、渝北区、长寿区、石柱县新增耕地单位面积平均投入成本 k_1 分别为154 947元/hm²、158 025元/hm²、165 830元/hm²、157 764元/hm²。本研究以南川区、渝北区、长寿区、石柱县新增耕地单位面积平均投入成本来分别代替金佛山、观音洞、龙门桥、东方红库区新开垦单位面积

耕地的固定资产量（见表 5-5）。

表 5-5　南川、渝北、长寿、石柱新开垦单位面积耕地投资标准

区县	新增耕地类型	新增耕地单位面积投资（元/hm²）	新增耕地潜力 面积/hm²	新增耕地潜力 比例/%	新增耕地单位面积平均投入成本（元/hm²）
南川区	土地开发	94 500	265.30	9.11	154 947
	农村居民点整理	180 000	684.49	23.50	
	耕地整理	154 000	1 894.56	65.06	
	土地复垦	165 000	67.80	2.33	
渝北区	土地开发	94 500	178.40	7.10	158 025
	农村居民点整理	180 000	790.50	31.47	
	耕地整理	154 000	1 527.60	60.81	
	土地复垦	165 000	15.70	0.62	
长寿区	土地开发	94 500	198.91	8.63	165 830
	农村居民点整理	180 000	1 500.00	65.06	
	耕地整理	154 000	596.73	25.88	
	土地复垦	165 000	9.88	0.43	
石柱县	土地开发	94 500	165.30	8.04	157 764
	农村居民点整理	180 000	670.20	32.59	
	耕地整理	154 000	1 207.00	58.70	
	土地复垦	165 000	13.65	0.66	

②耕地培肥投入折现值。由于耕地开垦效益的滞后性和地力培肥的渐进性，对于一般性荒地开垦，预计开垦后需持续四年时间才会初有成效，一般从第五年起开始发挥效益。因此，本研究取土壤经济肥力的形成周期为 4 年。根据公式 5-18 计算得出南川金佛山、渝北观音洞、长寿龙门桥、石柱东方红四个库区新开垦耕地单位面积培肥投入折现值分别为 37 355.89 元/hm²、37 789.54 元/hm²、37 479.79 元/hm²、37 727.59

元/hm²。

$$K_2 = \frac{a \times (1+r_1) + a \times (1+r_1)^2 + a \times (1+r_1)^3 + a \times (1+r_1)^4}{(1+r_2)^4} \quad (5-18)$$

式中：K_2——单位面积耕地培肥投入折现值（元/hm²）；a——单位面积耕地培肥投入[元/(hm²·a)]，在此假设每年投入金额不变，以当地土壤培肥平均投入水平来代替；r_1——取2011年7月7日公布的中长期贷款利率（三至五年，含五年）6.90%。

③耕地收益损失折现值。根据公式5-19计算得出南川金佛山、渝北观音洞、长寿龙门桥、石柱东方红四个库区新开垦耕地单位面积收益损失折现值分别为23 200.81元/hm²、22 949.14元/hm²、23 741.47元/hm²、30 464.79元/hm²。

$$K_3 = \frac{b \times 40\%}{(1+r_2)} + \frac{b \times 30\%}{(1+r_2)^2} + \frac{b \times 20\%}{(1+r_2)^3} + \frac{b \times 10\%}{(1+r_2)^4} \quad (5-19)$$

式中：K_3——单位面积耕地收益损失折现值（元/hm²）；b——单位面积耕地收益损失值（元/年），分别以2011年四个库区耕地平均纯收益水平来代替四个库区单位面积耕地收益损失值，且每年收益损失分别约为区域耕地平均纯收益水平的40%、30%、20%和10%；r_2——取2011年7月7日公布的一年期定期存款利率3.5%。

④单位耕地社会稳定价值。最后，根据公式5-5，得出南川金佛山库区、渝北观音洞库区、长寿龙门桥库区、石柱东方红库区单位面积耕地社会稳定功能价值分别为215 503.70元/hm²、218 763.68元/hm²、227 051.26元/hm²、225 956.70元/hm²。其中，长寿龙门桥库区单位面积耕地社会稳定功能价值最高。这主要是因为龙门桥库区新开垦耕地单位面积固定资产投入量是所选样本中最高的，为165 830元/hm²，远远高于南川金佛山、渝北观音洞、石柱东方红库区的154 947元/hm²、

158 025 元/hm²、157 764 元/hm²。这也揭示出目前龙门桥库区是四个库区中新增耕地难度最大的一个，现有耕地对于确保粮食安全发挥着重要的社会稳定作用。石柱东方红库区单位面积耕地社会稳定功能价值水平位居第二。虽然该库区新增耕地单位面积固定资产凝结量略低于渝北观音洞库区，但由于该库区耕地经济效益较高，使其组成社会稳定功能价值的耕地收益损失折现值部分却远远高于观音洞库区，从而致使石柱东方红库区单位面积耕地社会稳定功能价值水平高于渝北观音洞库区。南川金佛山库区单位面积耕地社会稳定功能价值最低，这主要是因为该库区新开垦耕地单位面积固定资产投入量是四个库区中最低的。

耕地社会稳定功能价值由地块固定资产量、地块培肥投入折现值、地块收益损失折现值三部分组成。从表5-6可以看出，四个库区单位面积耕地社会稳定功能价值由强到弱分别为：地块固定资产量、培肥投入折现值、收益损失折现值。可见，当前耕地固定资产量是耕地社会稳定功能价值的重要组成部分，这也说明耕地社会稳定功能价值将主要取决于区域新增耕地的难易程度。

表5-6 单位面积耕地社会稳定功能价值三大组成部分所占比重情况表

（单位:%）

库区	地块固定资产量所占比重	地块培肥投入折现值所占比重	地块收益损失折现值所占比重
金佛山库区	71.90	17.33	10.77
观音洞库区	72.24	17.27	10.49
龙门桥库区	73.04	16.51	10.46
东方红库区	69.82	16.70	13.48

（2）耕地社会稳定功能价值损失

耕地社会稳定价值损失是指由于水利工程（南川金佛山库区、渝北观音洞库区、长寿龙门桥库区、石柱东方红库区）修建后，直接淹没耕地和建设占用耕地的减少对耕地粮食安全效益的减少。

$$K_s = k \times m_s \tag{5-20}$$

式中：K_s——为耕地社会稳定价值损失值（万元）；k——为库区单位面积耕地社会稳定价值（元/hm²）；m_s——为水利工程建设淹没和建设占用耕地面积之和（hm²）。

经计算，南川金佛山库区、渝北观音洞库区、长寿龙门桥库区、石柱东方红库区水利工程修建后，四个库区耕地社会稳定价值分别损失3 942.07万元、2 823.48万元、1 486.29万元、1 103.51万元（见表5-7）。可以看出，四个库区耕地社会稳定功能价值损失总体与库区淹没和建设占用耕地数量成正比，耕地损失越多，耕地社会稳定功能价值损失越大。

表5-7　　　　　　　四个库区耕地社会稳定价值损失测算

库区	淹没和建设占用耕地数量（hm²）	单位耕地社会稳定价值（元/hm²）	耕地社会稳定价值损失（万元）
南川区金佛山	182.92	215 503.70	3 942.07
渝北区观音洞	129.07	218 763.68	2 823.48
长寿区龙门桥	65.46	227 051.26	1 486.29
石柱县东方红	48.84	225 956.70	1 103.51

注：水利工程淹没和建设占用耕地情况来源于《重庆南川金佛山水利工程可行性研究报告》（2010年）、《重庆渝北观音洞水利工程可行性研究报告》（2007年）、《重庆长寿龙门桥水利工程可行性研究报告》（2011年）、《重庆石柱东方红水利工程可行性研究报告》（2011年）。

5.2.2.2　耕地社会保障价值损失

（1）单位耕地社会保障价值测算

①政府所提供的社会保障资金在城乡居民之间的差距。社会保障一般由社会保险、社会救济、社会福利、优抚安置等组成。社会保险是社会保障的核心，养老保险作为社会保险五大险种中最重要的险种之一，是社会保障制度的重要组成部分。我国在建设征用农民集体所有土地时，对失地农民进行安置补偿，普遍的做法是替农民支付养老保险金，以充分保障失地农民的生存权利。因此，本研究拟采用社会保险项目中的养老保险来衡量耕地的社会保障价值。对于政府所提供的社会保障资金在城乡居民之间的差额，本研究简化为政府对城镇居民和农村人口的养老保险费用支出的差额。计算公式为：

$$d = d_1 - d_2 \tag{5-21}$$

式中：d——2011 年政府所提供的社会养老保障资金在城乡居民之间的差额（元/人）；d_1——2011 年单位或企业提供的职工年养老保障资金（元/人）；d_2——政府为农民提供的个人年养老保障资金（元/人）。

根据《重庆市人民政府关于开展城乡居民社会养老保险试点工作的通知》（渝府发〔2009〕85 号）和《重庆市城乡居民社会养老保险试点实施意见》（渝人社发〔2009〕135 号）的相关规定，正常参保人员按规定完清养老保险费后，政府每人每年给予 30 元缴费补贴，据此，确定政府为农民提供的个人年养老保障资金为 30 元。

$$d_1 = q \times t \tag{5-22}$$

式中：q——参保职工 2011 年度月缴费基数（元）。渝社险发〔2011〕33 号通知规定："根据公布的 2010 年度城镇非私营单位在岗职工年平均工资 35 328 元，确定参保职工 2011 年度月缴费基数上限为 17 663 元，月缴费基数下限为 1 178 元。"在此 q 取月缴费基数下限进行计算。t——单位缴费比例（%）。根据《国务院关于建立统一的企业职工基本养老保险制度的决定》（国发〔1997〕26 号）等相关规定，企业缴纳基本养老保险费（以下简称企业缴费）的比例一般不得超过企业工资总额的 20% （包括划入个人账户的部分）。在此 t 取单位缴费比例为 20%。

最后，根据上述确定的政府为职工和农村人口分别提供的年养老金情况，得出 2011 年政府所提供的社会养老保障资金在城乡居民之间的差额即为：2 827 − 30 = 2 797 元/人。

由于本研究把耕地资源的收益年限确定为无限期，因此测算的耕地资源的社会保障价值的收益年限也应为无限期，故需进一步确定未来若干年政府所提供的社会养老保障资金在城乡居民之间的差额。根据国发〔1997〕26 号、渝人社发〔2009〕135 号等相关文件，按规定企业职工和农民缴纳养老保险的年限至少 15 年，由此计算，政府所提供的社会养老保障资金在他们之间的差额总量为 2 797 × 15 = 41 958 元/人。按重庆市人均寿命 76 岁计算，可得出每一年政府所提供的社会养老保障资金在城乡居民之间的差额为 41 958 ÷ 76 = 552 元/（人·年）。于是，本研究则以该计算结果来代表库区未来若干年政府所提供的社会养老保障资金在城乡居民之间的差额。尽管该差额会随社会经济的发展呈现逐渐缩小的趋势，但本研究未将这种变化计算在内。

②库区人均耕地面积。

库区人均耕地面积 = 库区耕地总面积/库区总农业人口

库区耕地总面积和总农业人口数据通过农户调查问卷和相关统计资料查询获得。本研究为方便计算，假定人口和耕地面积不发生变化，即认为当前库区拥有的耕地面积可完全承载现有人口的社会保障功能。

③r 的确定。r 参照林英彦的实质利率基本公式进行确定，取 3.37%。

④耕地社会保障价值。库区耕地单位面积承载的社会保障价值应为库

区耕地单位面积社会保障年纯收益与还原利率的商。其中，库区耕地单位面积社会保障年纯收益的计算公式为：政府所提供的社会养老保障资金在城乡居民之间的差额552元/（人·年）与库区人均耕地面积之商。

经计算，南川金佛山、渝北观音洞、长寿龙门桥、石柱东方红四个库区单位面积耕地社会保障功能价值分别为 135 203.01 元/hm^2、123 034.74 元/hm^2、215 907.23 元/hm^2、175 763.91 元/hm^2。总体来看，长寿龙门桥库区耕地承载的社会保障压力是四个库区中最大的，石柱东方红库区次之，南川金佛山和渝北观音洞相对较小。而四个库区的人均耕地资源禀赋情况与此恰好相反，为观音洞库区＞金佛山库区＞东方红库区＞龙门桥库区，可见，人均耕地资源数量越少，单位耕地面积承载的社会保障压力就越大。

（2）耕地社会保障功能价值损失

耕地社会保障价值损失是指由于水利工程（南川金佛山库区、渝北观音洞库区、长寿龙门桥库区、石柱东方红库区）修建后，直接淹没耕地和建设占用耕地的减少导致区域耕地承载社会保障功能效益的减少。

$$S_s = S \times m_s \tag{5-23}$$

式中：S_s——为区域耕地社会保障价值损失值（万元）；S——为库区单位面积耕地社会保障价值（元/hm^2）；m_s——为水利工程建设淹没和建设占用耕地面积之和（hm^2）。

经计算，南川金佛山、渝北观音洞、长寿龙门桥、石柱东方红水利工程修建后，四个库区耕地社会保障价值分别损失 2 473.18 万元、1 587.95万元、1 413.34 万元、858.38 万元（见表 5-8）。可以看出，四个库区耕地社会保障功能价值损失总体与库区淹没和建设占用耕地数量成正比，耕地损失越多，耕地社会保障功能价值损失越大。

表 5-8　　　　　四个库区耕地社会保障价值损失测算

库区	淹没和建设占用耕地数量（hm²）	耕地社会保障价值（元/hm²）	区域耕地社会保障价值损失（万元）
南川区金佛山	182.92	135 203.01	2 473.18
渝北区观音洞	129.07	123 034.74	1 587.95
长寿区龙门桥	65.46	215 907.23	1 413.34
石柱县东方红	48.84	175 763.91	858.38

注：水利工程淹没和建设占用耕地情况来源于《重庆南川金佛山水利工程可行性研究报告》（2010年）、《重庆渝北观音洞水利工程可行性研究报告》（2007年）、《重庆长寿龙门桥水利工程可行性研究报告》（2011年）、《重庆石柱东方红水利工程可行性研究报告》（2011年）。

5.2.3　耕地生态价值损失

5.2.3.1　耕地年生态服务效益水平测算

（1）耕地气体调节效益

首先根据库区各种农作物单位播种面积经济产量及播种面积数据，求取库区耕地单位面积农作物净生物量水平，计算公式为：

$$Q = z \times \sum_{i=1}^{n} \frac{h_i b_i}{B} \qquad (5-24)$$

式中：Q——库区耕地单位面积净生物量 [t/（hm²·a）]；h_i——第 i 种农作物单位播种面积净生物量产量 [t/（hm²·a）]；b_i——第 i 种农作物播种面积（hm²）；B——主要农作物播种面积比重合计（%）；z——库区耕地复种指数，南川金佛山、渝北观音洞、长寿龙门桥、石柱东方红四个库区耕地复种指数分别为 2.19、2.22、2.24、2.29；n 为农作物种类数。

第5章 大中型水利工程建设对占用耕地的影响 I ——价值损失

再根据公式 5-7，求得南川金佛山、渝北观音洞、长寿龙门桥、石柱东方红四个库区耕地气体调节效益水平分别为 11 256.21 元/（hm²·a）、10 989.88 元/（hm²·a）、11 542.69 元/（hm²·a）、9 880.20 元/（hm²·a），如表 5-9 所示。

（2）耕地涵养水源功能效益

采用公式 5-9，可求得南川金佛山、渝北观音洞、长寿龙门桥、石柱东方红四个库区耕地单位面积涵养水源功能效益水平，分别为 2 701.14 元/（hm²·a）、2 284.70 元/（hm²·a）、2 466.44 元/（hm²·a）、2 565.10 元/（hm²·a），详见表 5-10。

表 5-9　　　　　四个库区耕地气体调节效益水平测算

库区	气体调节功能	
	库区耕地单位面积净生物量 [t/（hm²·a）]	气体调节效益 [元/（hm²·a）]
金佛山	18.91	11 256.21
观音洞	18.46	10 989.88
龙门桥	19.39	11 542.69
东方红	16.60	9 880.20

表 5-10　　　　　四个库区耕地涵养水源功能效益水平测算

库区	金佛山库区	观音洞库区	龙门桥库区	东方红库区
涵养水源的生态效益 [元/（hm²·a）]	2 701.14	2 284.70	2 466.44	2 565.10

（3）耕地水土保持功能效益

根据公式 5-10、公式 5-11、公式 5-12、公式 5-13，求得南川金佛山、渝北观音洞、长寿龙门桥、石柱东方红四个库区耕地水土保持功能效益水平分别为 1 104.61 元/hm²、1 106.53 元/hm²、1 107.72 元/hm²、1 169.36 元/hm²，如表 5-11 所示。

表 5-11　　　　四个库区耕地水土保持功能效益水平测算

库区	水土保持功能 [元/(hm²·a)]			
	保护土壤养分经济效益	减少耕地废弃经济效益	减轻泥沙淤积经济效益	耕地水土保持功能效益
金佛山	969.84	132.72	2.05	1 104.61
观音洞	969.84	134.64	2.05	1 106.53
龙门桥	969.84	135.83	2.05	1 107.72
东方红	969.84	197.47	2.05	1 169.36

（4）耕地其他功能效益

根据公式 5-14、公式 5-15，分别求得南川金佛山、渝北观音洞、长寿龙门桥、石柱东方红四个库区耕地废物处理功能效益和生物多样性保护功能效益，如表 5-12 所示。

表 5-12　　　　四个库区耕地其他功能效益水平测算

库区	废物处理功能 [元/(hm²·a)]			生物多样性保护功能 [元/(hm²·a)]			耕地年生态服务效益水平 [元/(hm²·a)]
	耕地生态服务价值修正系数	农田生态系统服务价值基准单价	耕地废物处理功能效益	耕地生态服务价值修正系数	农田生态系统服务价值基准单价	耕地生物多样性保护功能效益	
金佛山	1.02	1 451.2	1 476.14	1.02	628.20	638.99	17 177.09
观音洞	1.01	1 451.2	1 462.26	1.01	628.20	632.99	16 476.35
龙门桥	1.04	1 451.2	1 511.54	1.04	628.20	654.32	17 282.70
东方红	0.90	1 451.2	1 306.51	0.90	628.20	565.57	15 486.73

综上,对上述几项功能效益进行求和,即得到南川金佛山、渝北观音洞、长寿龙门桥、石柱东方红四个库区耕地年生态服务效益水平分别为 17 177.09 元/($hm^2 \cdot a$)、16 476.35 元/($hm^2 \cdot a$)、17 282.70 元/($hm^2 \cdot a$)、15 486.73 元/($hm^2 \cdot a$)。

5.2.3.2 耕地生态价值损失测算

耕地生态价值损失是指由于水利工程(南川金佛山库区、渝北观音洞库区、长寿龙门桥库区、石柱东方红库区)修建后,直接淹没耕地和建设占用耕地的减少导致库区耕地生态价值的减少。

通过求取库区耕地年生态服务效益水平与还原利率之商,即可得到以 2011 年为基准年的南川金佛山、渝北观音洞、长寿龙门桥、石柱东方红四个库区耕地单位面积生态价值分别为 510 404.99 元/hm^2、489 583.07 元/hm^2、513 543.07 元/hm^2、460 177.26 元/hm^2(如表 5-13 所示。)

库区耕地生态价值损失值则为水利工程建设直接淹没耕地和建设占用耕地面积之和与库区单位面积耕地生态价值之乘积,公式如下:

$$E_s = e \times m_s \tag{5-25}$$

式中:E_s——为库区耕地生态价值损失值(万元);e——为库区耕地单位面积生态价值(元/hm^2);m_s——为水利工程建设直接淹没耕地和建设占用耕地面积之和(hm^2)。

经计算,南川金佛山、渝北观音洞、长寿龙门桥、石柱东方红水利工程修建后,四个库区耕地生态价值分别损失 9 336.50 万元、6 318.82 万元、3 361.69 万元、2 247.38 万元。可以看出,四个库区耕地生态价值损失总体与库区淹没和建设占用耕地数量成正比,耕地损失越多,耕地生态价值损失越大。

表 5-13　　　　　　　　四个库区耕地生态价值损失测算

库区	淹没和建设占用耕地数量（hm²）	单位耕地生态价值（元/hm²）	耕地生态价值损失（万元）
南川金佛山	182.92	510 404.99	9 336.50
渝北观音洞	129.07	489 583.07	6 318.82
长寿龙门桥	65.46	513 543.07	3 361.69
石柱东方红	48.84	460 177.26	2 247.38

注：水利工程淹没和建设占用耕地情况来源于《重庆南川金佛山水利工程可行性研究报告》（2010 年）、《重庆渝北观音洞水利工程可行性研究报告》（2007 年）、《重庆长寿龙门桥水利工程可行性研究报告》（2011 年）、《重庆石柱东方红水利工程可行性研究报告》（2011 年）。

5.2.4　耕地价值损失特征

5.2.4.1　总体特征

通过分别对南川金佛山、渝北观音洞、长寿龙门桥、石柱东方红四个库区的耕地经济价值损失、社会稳定价值损失、社会保障价值损失和生态价值损失进行测算，得到四个库区因水利工程修建直接淹没和建设占用耕地导致的耕地价值总损失分别为 28 354.88 万元、19 526.20 万元、10 876.57 万元、8 627.60 万元。可以看出，四个库区耕地价值损失总体与库区淹没和建设占用耕地数量成正比，耕地损失越多，耕地价值损失越大。

从四个库区单位面积耕地价值损失来看，存在一定差距。其中，石柱东方红库区单位耕地价值损失最高，为 176.66 万元/hm²，这主要是因为东方红库区所在地石柱县是川渝鄂地区辣椒第一大县，库区以特色辣椒产业为主导产业，种植辣椒面积比重高达 38.25%，加上蔬菜种植，二者合计种植比例为 42.3%，远远超过南川金佛山、渝北观音洞、长寿龙门桥三个库区的蔬菜种植比例 15.60%、15.30%、14.50%，而蔬菜经济效益好，由此使得石柱东方红库区单位面积耕地经济价值水平较高，为 904 700.44 元/hm^2，分别比南川金佛山、渝北观音洞、长寿龙门桥三个库区单位面积耕地经济价值水平高出 215 715.49 元/hm^2、223 189.39 元/hm^2、199 659.78 元/hm^2。其次是长寿龙门桥库区，其单位耕地价值损失为 166.15 万元/hm^2，主要原因其一在于长寿库区新开垦耕地单位面积固定资产投入量是四个库区中最高的，为 165 830 元/hm^2，远远高于南川金佛山、渝北观音洞、石柱东方红库区的 154 947 元/hm^2、158 025 元/hm^2、157 764 元/hm^2，而耕地社会稳定功能价值又主要取决于耕地单位面积固定资产投入量，这就使得长寿库区单位耕地社会稳定功能价值是四个库区中最高的（见表 5-14 和表 5-15）。其二是长寿龙门桥库区人均耕地面积最少，而政府所提供的社会养老保障资金在城乡居民之间的差额是相同的，这就使得长寿龙门桥库区单位耕地承载的社会保障压力是四个库区中最大的，即其单位耕地社会保障价值是四个库区中最高的。由此也揭示出，种植经济作物比例越高，越利于提高耕地的经济价值产出水平；随着开发整理复垦补充耕地难度越来越大，新开垦耕地固定资产投入量将越来越多，耕地提供的社会稳定功能价值将越来越高；通过提高区域人均耕地面积，有利于减轻耕地承载着的社会保障压力。

表 5-14　　　　　　　　四个库区单位耕地价值情况

库区	库区耕地单位面积经济价值（元/hm²）	单位耕地社会稳定价值（元/hm²）	单位耕地社会保障价值（元/hm²）	单位耕地生态价值（元/hm²）	单位耕地价值（元/hm²）
南川区金佛山	688 984.95	215 503.70	135 203.01	510 404.99	1 550 096.65
渝北区观音洞	681 511.04	218 763.68	123 034.74	489 583.07	1 512 892.53
长寿区龙门桥	705 040.65	227 051.26	215 907.23	513 543.07	1 661 542.21
石柱县东方红	904 700.44	225 956.70	175 763.91	460 177.26	1 766 598.31

表 5-15　　　　　　　　四个库区单位耕地价值损失情况

库区	耕地价值总损失（万元）	损失耕地数量（hm²）	单位耕地价值损失值（万元/hm²）
南川金佛山	28 354.88	182.92	155.01
渝北观音洞	19 526.20	129.07	151.29
长寿龙门桥	10 876.57	65.46	166.15
石柱东方红	8 627.60	48.84	176.66

5.2.4.2　结构特征

从南川金佛山、渝北观音洞、长寿龙门桥、石柱东方红四个库区耕地经济价值、社会稳定价值、社会保障价值和生态价值所占比重来看，耕地经济价值损失所占比重最高，分别为 44.45%、45.05%、42.43%、51.21%。其中，石柱东方红库区因耕地种植经济效益较高的辣椒比例较大，其耕地经济产出效益较高，从而耕地经济价值损失所占比重是四个库区中最高的。其次是耕地生态价值，南川金佛山、渝北观音洞、长寿龙门桥、石柱东方红四个库区耕地生态价值损失所占比重分别为 32.93%、32.36%、30.91%、26.05%。这揭示出，耕地生态价值在耕地综合价值中占有较大比例，在耕地利用和征用过程中必须使具有外部性的生态价值得以体现,否则将大大低估耕地价值,降低耕地的比较效益,导致耕地朝着非农用地快速转用。耕地社会稳定价值损失所占比重相对较小,但可以预期,随着耕地后备资源的不断开发,新增耕地成本将越来越高,耕地社会稳定价值所占比重将不断提高。耕地社会保障价值损失所占比重最低,这主要是因为近年来我国不断完善和加强农村社会保障体系建设,逐步缩小城乡社会保障差距。随着社会经济的进一步发展,国家对农村提供的社会保障水平还将逐步提高,同时城镇化进程的推进将使得农村人口不断向城镇转移就业,农村单位面积耕地承载着的社会保障压力将降低,可以预期,耕地社会保障价值将随着城乡社会保障水平差距的不断缩小而逐渐减少。

表 5-16 四个库区耕地价值损失比重情况

库区	耕地价值总损失（万元）	耕地经济价值损失所占比重（%）	耕地社会稳定价值损失所占比重（%）	耕地社会保障价值损失所占比重（%）	耕地生态价值损失所占比重（%）
南川金佛山	28 354.88	44.45	13.90	8.72	32.93
渝北观音洞	19 526.20	45.05	14.46	8.13	32.36
长寿龙门桥	10 876.57	42.43	13.67	12.99	30.91
石柱东方红	8 627.60	51.21	12.79	9.95	26.05

5.3 小结

本章通过采取收益还原法、替代法、影子价格法等方法,对南川金佛山、渝北观音洞、长寿龙门桥、石柱东方红四个库区耕地经济价值、社会稳定价值、社会保障价值和生态价值进行了测算。在此基础上，根据水利工程影响下各库区耕地损失量，得出了各库区耕地价值损失情况，并据此对各库区耕地价值损失特征进行了分析，从而有利于更加准确地认识大中型水利工程建设背景下区域耕地价值损失特征及耕地损失对库区造成的影响作用，为水利工程建设提供决策参考。

（1）根据耕地价值测算结果，石柱东方红库区因种植辣椒这种经济效益较高的农作物比例较大，其耕地经济价值水平是四个库区中最高的，这表明种植经济作物比重越高，越利于提高耕地的经济价值产出水平。长寿龙门桥库区单位面积耕地社会稳定功能价值是四个库区中最高的，这主要是由龙门桥库区新开垦耕地单位面积固定资产投入量是四个库区中最大决定的，这也揭示出目前龙门桥库区是四个库区中新增耕地难度最大的一个，现有耕地对于确保粮食安全发挥着重要的社会稳定作用。长寿龙门桥库区耕地承载的社会保障压力是四个库区中最大的，石柱东方红库区次之，南川金佛山和渝北观音洞相对较小，而四个库区的人均耕地资源禀赋情况与此恰好相反，为观音洞库区＞金佛山库区＞东方红库区＞龙门桥库区，可见，人均耕地资源数量越少，单位耕地面积承载的社会保障压力就越大。四个库区耕地生态价值未表现出明显的规律特征。

（2）总体来看，四个库区耕地价值损失总体与库区淹没和建设占用耕地数量成正比，耕地损失越多，耕地价值损失越大。这表明在水利工程建设中减少耕地占用是减少耕地价值损失的根本所在，在水利工程建设中必须遵循节约集约用地原则，采取各种工程措施降低对耕地的占用。从四个库区单位面积耕地价值损失来看，石柱东方红库区单位耕地价值损失最高，这主要是由东方红库区单位耕地经济价值远远高于其余三个库区所决定的；其次是长寿龙门桥库区，这主要是由长寿龙门桥库区新开垦耕地单位面积固定资产投入量是四个库区中最高的，以及长寿龙门桥库区因人均耕地面积最少，单位耕地承载社会保障压力是四个库区中最大的所决定的。这揭示出仅以损失耕地数量来衡量水利工程建设对库区造成的影响是不全面的，必须考虑库区损失耕地实实在在承载着的各种功能价值。

（3）从南川金佛山、渝北观音洞、长寿龙门桥、石柱东方红四个库区耕地经济价值、社会稳定价值、社会保障价值和生态价值所占比重来看，四个库区均呈现为耕地经济价值损失所占比重 > 生态价值损失所占比重 > 社会稳定价值损失所占比重 > 社会保障价值损失所占比重。这揭示出，耕地生态价值在耕地综合价值中占有较大比重，不能忽视，为进行耕地生态价值补偿提供了科学依据。耕地社会稳定价值损失所占比重相对较小，但耕地社会稳定价值是一个动态值，随着不断加大对耕地后备资源的开发和利用，适宜开发整理复垦的耕地资源量呈递减趋势，通过工程技术手段实现新增耕地的费用也必然增加。可以预见，在其他条件不变的情况下，耕地的社会稳定价值会随新增耕地潜力的减少而增加，因此需重视耕地的社会稳定功能作用，进一步提高对耕地的社会稳定功能价值补偿。耕地社会保障价值损失所占比重最低，这主要是因为近年来我国不断完善和加强农村社会保障体系建设。为进一步降低耕地承载着的社会保障压力，当前需不断提高农村社会保障水平和加快农村人口向城镇转移。

第6章

大中型水利工程建设对占用耕地的影响 II——价值补偿

第 6 章 大中型水利工程建设对占用耕地的影响 II——价值补偿

水利工程建设是人类社会征服大自然、克服自然灾害的一种工程建设行为。这种工程建设行为必然会对工程所在区域带来各种干扰，引起库区耕地利用变化、库区人民生产生活变化等问题。在水利工程建设影响下，最令人关注的即是对耕地的占用问题，尤其是在西南地区，优质耕地大都分布在河谷地带，水利工程建设往往会导致大量优质耕地损失，对区域粮食安全和社会可持续发展构成严重威胁。尤其随着西南地区水利工程建设步伐推进，迫切需要理清水利工程建设背景下耕地损失对区域发展造成的影响程度，这对于进行科学决策大中型水利工程建设项目具有重要指导意义。

为此，本研究选取位于西南地区的重庆市南川金佛山水利工程、渝北观音洞水利工程、长寿龙门桥水利工程和石柱东方红水利工程为例，测算了四个库区在水利工程影响下因耕地损失获得的直接价值补偿和间接价值补偿，并从水利工程所在小区域——即库区，及水利工程所在大区域——即区县，两个角度进行耕地价值损失和耕地价值补偿之间的变化分析，并在此基础上探讨完善了耕地价值补偿制度，有助于深入认识当前大中型水利工程影响下耕地价值补偿特征，识别库区和区县两个不同区域范围在水利工程影响下的耕地价值变化差异特征，为评估水利工程建设合理性、进行水利工程建设决策分析，以及实现工程建设占用耕地价值在征用过程中的充分体现等问题提供一定的理论基础和思路。

6.1 数据来源与方法

6.1.1 数据来源

本章数据主要来源于两个方面：

一是相关统计报表、研究报告和规划报告。统计报表包括乡镇社会经济统计报表、土地台账、实物指标调查统计表等；研究报告主要是由重庆市水利电力建筑勘测设计研究院编制的《重庆南川金佛山水利工程可行性研究报告》（2010年）、《重庆渝北观音洞水利工程可行性研究报告》（2007年）、《重庆长寿龙门桥水利工程可行性研究报告》（2011年）和《重庆石柱东方红水利工程可行性研究报告》（2011年）；规划报告主要是南川区土地利用总体规划（2006～2020年）、渝北区土地利用总体规划（2006～2020年）、长寿区土地利用总体规划（2006～2020年）和石柱县土地利用总体规划（2006～2020年）。

二是通过调查获取数据。本研究以南川金佛山水利工程、渝北观音洞水利工程、长寿龙门桥水利工程、石柱东方红水利工程勘界图为基础，分别于2011年4月、5月、6月对金佛山库区、观音洞库区、龙门桥库区、东方红库区进行了抽样调查（抽样区域主要为库区涉及村组）。

6.1.2 研究方法

6.1.2.1 价值补偿框架构建

大中型水利工程修建后，虽然由于耕地的淹没导致了区域耕地经济、社会、生态价值的损失，但通过土地补偿费、安置补助费的发放，耕地开垦费的缴纳，新增或改善灌面等，又对损失的耕地价值形成了一定补偿。其中，土地补偿费、安置补助费、耕地开垦费是针对库区耕地损失给予的直接补偿，也是一次性补偿；水库新增或改善灌面带来的效益、耕地转变为水域拥有的生态效益等则是间接补偿。一般来讲，只要水库存在且正常运行，这种功效将永远存在，可认为这两种补偿是一种永久性补偿。

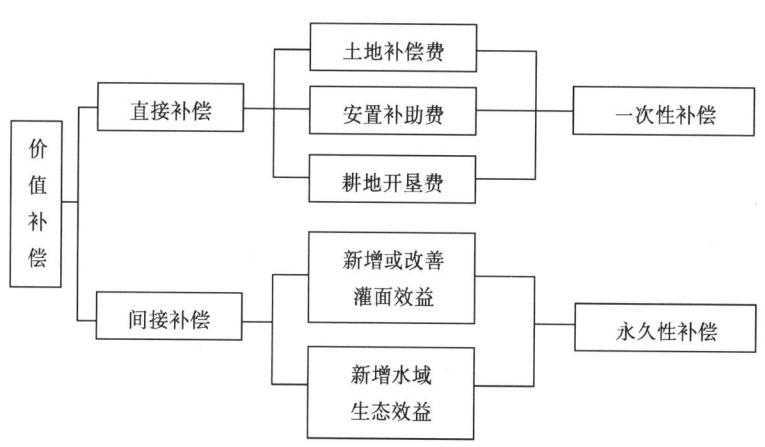

图 6-1　价值补偿框架

6.1.2.2 价值补偿测算方法

(1) 直接补偿

土地补偿费是指因国家征收农民集体所有的土地对土地所有者和土地使用者的补偿。按照国家政策有关规定，土地补偿费由被征地单位用于恢复和发展生产，因此，土地补偿费主要用于弥补耕地经济价值损失。安置补偿费是指国家在征用土地时，为安置以土地为生产生活来源的农业人口的生活，给予的补助费用。依据渝府［2008］45号文件，安置补助费全部用于被地农转非人员的基本养老保险、生产和生活，因此，安置补助费可看作是对耕地社会保障价值的补偿。《中华人民共和国土地管理法》第三十一条规定，非农业建设经批准需要占用耕地的……不能开垦或开垦的耕地不符合要求的，应当按相关规定缴纳耕地开垦费，专款用于开垦新的耕地。因此，耕地开垦费主要是对耕地社会稳定功能价值的补偿。

土地补偿费和安置补助费测算主要是根据《中华人民共和国土地管理法》第四十七条规定进行。该规定指出，我国现行耕地征用过程中价值补偿标准主要是依据耕地被征用前3年的平均年产值来确定，其中土地补偿费为该耕地被征用前3年平均年产值的6～10倍，每个需安置的农业人口的安置补助费为该耕地被征用前3年平均年产值的4～6倍。根据《重庆市人民政府关于贯彻〈大中型水利水电工程建设征地补偿和移民安置条例〉有关问题的补充通知》（渝府发［2008］128号），土地补偿费和安置补助费之和应不低于该耕地被征收前3年平均年产值的16倍。耕地开垦费主要根据《重庆市耕地开垦费、耕地闲置费、土地复垦费收取与使用管理办法》重庆市人民政府令第54号进行计算。

(2) 间接补偿

①新增或改善灌面价值补偿。大中型水利工程修建后,通过有效供水灌溉,可提高灌区耕地农作物产量。产量水平的提高,直接增加了耕地的经济产出效益,提高了耕地的粮食安全功能效益,以及耕地的大气调节等与耕地生物产量有关的生态效益,并且耕地经济产出效益的增加有助于增强耕地对农户的保障程度,即增加了耕地的社会保障功能效益。考虑到新增或改善灌面后,增加的生态效益主要是与耕地生物产量有关的大气调节等部分效益,因此在此只核算新增或改善灌面后带来的经济价值和社会价值补偿。

首先,根据库区耕地平均经济产出水平将新增或改善灌面直接带来的经济产出效益折算为一定的耕地面积,再求取新折算耕地面积(相当于补充新增耕地面积)的价值。计算公式为:

$$Jc_1 = m_z (v + k + s) \quad (6-1)$$

$$m_z = \frac{B_1 + B_2}{A} \quad (6-2)$$

式中:Jc_1——新增或改善灌面价值补偿(万元);m_z——新增、改善灌溉效益折算新增耕地面积(hm^2);v——库区耕地单位面积经济价值(元/hm^2);k——库区单位面积耕地社会稳定价值(元/hm^2);S——库区单位面积耕地社会保障价值(元/hm^2);A——库区耕地经济产出效益水平[元/($hm^2 \cdot a$)];B_1——新增灌面效益(元/a);B_2——改善灌面效益(元/a)。

②新增水域生态价值补偿。大中型水利工程修建蓄水后,直接淹没耕地区域转换为了水域。水域生态价值测算方法采用第5章中耕地废物处理功能、生物多样性维持功能的价值测算方法。

$$Jc_2 = \sum_{i=1}^{8} m_s p_i \quad (6-3)$$

$$p_i = k \times P_i \qquad (6-4)$$

$$k = b/B \qquad (6-5)$$

式中：Jc_2——新增水域生态价值补偿（万元）；m_s——水利工程建设直接淹没耕地转换为水域面积（hm^2）；p_i——修正后的单位面积生态系统的生态服务效益；$i = 1, 2, \cdots, 8$，分别代表气候调节、水源涵养、水土保持、废物处理、生物多样性保护、食物生产、原材料生产、休闲娱乐等功能；P_i——农田生态系统服务价值基准单价（见表5-1），气候调节、水源涵养、水土保持、废物处理、生物多样性保护、食物生产、原材料生产、休闲娱乐等功能的基准单价分别取 407 元/hm^2、18 033.2 元/hm^2、8.8 元/hm^2、16 086.6 元/hm^2、2 203.3/hm^2、88.5 元/hm^2、8.8 元/hm^2、3 840.2/hm^2；b——库区耕地生态系统单位面积潜在经济产量（t/hm^2）；B——我国一级耕地生态系统单位面积平均潜在经济产量，根据王万茂等的研究成果，其值为 10.69t/hm^2；k——耕地生态服务价值修正系数。

6.2 结果与分析

6.2.1 直接价值补偿

根据国务院471号令、渝府发[128]号文的相关规定，结合各水利工程建设征地区实际，确定耕地的土地补偿费为该耕地被征收前3年平均年产值的10倍，安置补助费为该耕地被征收前3年平均年产值的6

倍，再根据《重庆市耕地开垦费、耕地闲置费、土地复垦费收取与使用管理办法》重庆市人民政府令第 54 号文件，计算得出南川金佛山、渝北观音洞、长寿龙门桥、石柱东方红四个库区直接补偿总价值分别为 8 063.26 万元、7 859.56 万元、3 880.51 万元、2 472.73 万元（见表 6-1）。可以看出，四个库区耕地直接价值补偿总体与库区淹没和建设占用耕地数量成正比，耕地损失越多，耕地直接价值补偿越大。

表 6-1　　　　　　　　　四个库区直接价值补偿测算

区域	南川区	渝北区	长寿区	石柱县
土地补偿费标准（元/亩）	14 200	17 040	18 450	16 930
安置补助费标准（元/亩）	8 520	10 224	11 070	10 158
耕地开垦费（元/亩）	6 666.67	13 333.34	10 000.01	6 666.67
损失耕地数量（hm^2）	182.92	129.07	65.46	48.84
耕地经济价值补偿（万元）	3 896.27	3 298.91	1 811.62	1 240.22
耕地社会保障价值补偿（万元）	2 337.76	1 979.35	1 086.97	744.13
耕地生态价值补偿（万元）	1 829.23	2 581.31	981.91	488.37
直接补偿价值总量（万元）	8 063.26	7 859.56	3 880.51	2 472.73

注：数据主要来源于《重庆南川金佛山水利工程可行性研究报告》（2010 年）、《重庆渝北观音洞水利工程可行性研究报告》（2007 年）、《重庆长寿龙门桥水利工程可行性研究报告》（2011 年）、《重庆石柱东方红水利工程可行性研究报告》（2011 年）。

6.2.2　间接价值补偿

（1）新增或改善灌面价值补偿

①折算新增耕地面积。南川金佛山、渝北观音洞、长寿龙门桥和石柱东方红水利工程都是灌溉、供水、防洪等综合利用功能的大中型水利工程。其中，金佛山水利工程是一座以灌溉、供水为主的大型水利工程，其主要任务是农业灌溉，灌溉效益按农业灌溉总增产值和水利分摊

系数计算。金佛山水利工程规划灌溉面积20 833.33hm²,其中新增灌面12 573.33hm²,改善灌面8 260hm²,新增灌面效益3 394.80万元,改善灌面效益1 115.10万元,共计增加效益4 509.90万元,折算新增耕地721.58hm²。渝北区观音洞水利工程主要承担城市应急水源的供应和工业用水供应任务,新增灌面3 913.33hm²,新增灌面效益1 056.6万元,折算新增耕地166.65hm²。长寿区龙门桥水利工程是以晏家工业园区及长寿组团的工业用水为主要任务,设计灌溉面积较少,为506.67hm²,折算新增耕地21.39hm²。石柱东方红水利工程也是以农业灌溉为主要任务,但由于本工程设计总供水量少,与金佛山大型水利工程相比,其发挥农业灌溉的功能较小,新增灌面为2 013.07hm²,折算新增耕地58.45hm²。

相关资料见表6-2和表6-3。

表6-2　　　　　　　四个库区折算新增耕地面积计算

库区	新增灌面（hm²）	改善灌面（hm²）	新增灌面效益（万元）	改善灌面效益（万元）	耕地年产值（元/hm²）	折算新增耕地（hm²）
金佛山库区	12 573.33	8 260	3 394.8	1 115.1	62 501	721.58
观音洞库区	3 913.33		1 056.6		63 402	166.65
龙门桥库区	506.67		136.8		63 962	21.39
东方红库区	2 013.07		543.528		92 991	58.45

注：耕地年产值数据来源于前文经济价值损失研究中测算所得。

表6-3　　　　　　　四个库区设计供水任务情况

水利工程	农业灌溉	城镇供水	工业用水	合计	水库类型
南川金佛山	4 114.5	2 046.9	1 807.4	7 968.8	大型
渝北观音洞	1 146	2 640.5	2 640.5	6 427	中型
长寿龙门桥	218.32		1 061.3	1 279.62	中型
石柱东方红	697	136.7	155	988.7	中型

②新增或改善灌面价值补偿。区域新增或改善灌面价值补偿是指水利工程建成后通过灌溉农田、提高供水保证率,提高灌区农作物产量,进而间接增加区域耕地经济产出效益和社会效益,增加耕地的经济价值和社会价值。

通过采用公式6-1、公式6-2进行计算,得到南川金佛山、渝北观音洞、长寿龙门桥、石柱东方红水利工程修建后,四个区域新增或改善灌面价值补偿分别为75 021.81万元、17 053.44万元、2 455.31万元、7 635.97万元(见表6-4)。其中,南川区新增或改善灌面价值补偿量最大,这主要是因为金佛山水库是大型水库,设计供水量大,同时又是以农业灌溉为主要任务,从而大大提高了区域农业灌溉条件和灌溉保障率,使得区域耕地经济产出效益和社会效益增加较多。渝北区观音洞水库虽然设计供水总量仅次于金佛山水库,但由于其以城镇和工业供水为主,改善区域农业灌溉条件耕地面积较少,因此其因新增或改善灌面带来的价值补偿远远小于南川区。长寿区龙门桥和石柱东方红水库设计供水任务总量相差不大,但由于二者主要供水功能有所差别,使得二者的新增或改善灌面价值补偿量相差较大,以农业灌溉为主要任务的东方红水库所在区域石柱县新增或改善灌面价值补偿量是以工业用水供应为主要任务的龙门桥所在地长寿区的3.11倍,并且石柱县东方红水库设计供水任务总量较长寿龙门桥还相对较少。

表6-4　　　　四个库区新增或改善灌面价值补偿测算

区域	折算新增耕地(hm^2)	区域耕地经济价值补偿(万元)	区域耕地社会稳定价值补偿(万元)	区域耕地社会保障价值补偿(万元)	区域新增或改善灌面价值补偿(万元)
南川区	721.58	49 715.60	15 550.26	9 755.94	75 021.81
渝北区	166.65	11 357.37	3 645.69	2 050.37	17 053.44
长寿区	21.39	1 507.92	485.61	461.78	2 455.31
石柱县	58.45	5 287.93	1 320.71	1 027.33	7 635.97

(2) 新增水域生态价值补偿

经计算，南川金佛山、渝北观音洞、长寿龙门桥、石柱东方红水利工程修建后，四个库区新增水源生态价值补偿值分别为 509.71 万元、496.83 万元、199.45 万元、126.62 万元（见表 6-5 所示）。可以看出，四个库区新增水域生态价值补偿总体与库区淹没耕地数量成正比，耕地淹没越多，新增水域生态价值补偿越大。

表 6-5　　　　　　　四个库区新增水域价值补偿测算

库区	金佛山	观音洞	龙门桥	东方红
水利工程建设淹没耕地转换为水域面积（hm^2）	123.19	121.22	47.08	34.58
气候调节价值补偿（万元）	5.10	4.97	2.00	1.27
水源涵养价值补偿（万元）	225.97	220.26	88.42	56.13
土壤形成与保护价值补偿（万元）	0.11	0.11	0.04	0.03
废物处理功能价值补偿（万元）	201.58	196.48	78.88	50.08
生物多样性维持价值补偿（万元）	27.61	26.91	10.80	6.86
食物生产功能价值补偿（万元）	1.11	1.08	0.43	0.28
原材料价值补偿（万元）	0.11	0.11	0.04	0.03
娱乐文化功能价值补偿（万元）	48.12	46.90	18.83	11.95
新增水域生态价值补偿（万元）	509.71	496.83	199.45	126.62

6.2.3　耕地价值补偿制度的完善

随着西南地区迫切缓解工程性缺水问题，大力推进水利工程建设步伐，越来越多位于河谷地区的优质耕地将被占用。根据前文对选取水利工程区域耕地价值损失、耕地价值补偿的测算及耕地价值变化进行分析可知，现行耕地征用过程中仍存在补偿标准低、补偿体系不完善（缺少对耕地生态服务功能价值的直接补偿等）、区域间补偿不均衡（小区域库区与大区域区县之间的补偿不均衡）等问题。为此，本研究提出我国现阶段应进一步从完善耕地价值补偿体系、提高补偿标准、进行区域间价值补偿等方面来解决大中型水利工程建设征地中的价值补偿问题，从而促进耕地资源综合价值在耕地征用过程中得以充分体现，确保大中型水利工程影响下库区人民生产生活水平不降低、逐步能致富。

（1）完善耕地征用价值补偿体系

虽然目前普遍认识到了耕地具有多功能性，具有生产功能（经济价值）、生态服务功能（生态价值）和社会保障功能（社会价值），但在现行体制下，耕地征用价值补偿中仍主要考虑了经济价值和社会价值，没有有关耕地生态价值补偿的相关规定。这不仅使得耕地征用价值补偿水平偏低，而且使得耕地生态环境得不到积极的保护。因此，现阶段应完善耕地征用价值补偿体系，在征地环节中增加生态补偿费征收项目，具体可以通过向占用耕地者征收耕地生态补偿费的形式实现。通过把具有外部性的生态服务功能价值纳入价值补偿体系实现内部化，一方面可以增加占用耕地的成本，提高耕地的比较效益，从而扼制耕地的快速流失；另一方面可以提高人类的耕地生态环境保护意识，促进人类对耕地的合理利用和积极保护。

（2）提高耕地征用价值补偿标准

耕地征用过程中价值补偿标准确定合理与否除了直接关系到补偿主体和补偿对象的利益外，而且影响整个社会的粮食安全和生态安全。根据《中华人民共和国土地管理法》第四十七条，我国现行耕地征用过程中价值补偿标准主要是依据耕地被征用前3年平均年产值来确定的。本研究通过对四个库区损失耕地实际承载着的功能价值进行测算，发现按现有补偿标准求得的价值补偿根本无法完全弥补实际价值损失，揭示出现有补偿标准不够科学，补偿值偏低，严重侵害了被征地者的权益，易导致耕地资源的快速流失。因此，为保障失地农民的权益、确保国家的粮食安全和社会的可持续发展，当前迫切地需要对现有耕地补偿标准进行全面改革，以耕地的全面价值观作为制定科学补偿标准的依据，从而完整体现耕地的多功能价值。

为此，本研究提出在大中型水利工程建设影响下，库区耕地损失价值补偿标准应以库区耕地实际承载着的各种功能价值水平为依据进行确定，使补偿标准有所提高，能较为真实地反映出损失耕地的价值水平，从而确保库区移民生产生活水平较以前不会大幅度降低，减轻工程建设对库区的负面影响。

（3）建立区域间补偿长效机制

由于大区域可以享受到水利工程修建后带来的新增和改善灌面效益，必须考虑区域间价值的转移支付，建立大区域和小区域之间的价值补偿长效机制，具体是享受到水利工程建设带来的新增和改善灌面效益的区域通过财政转移支付的方式对库区进行补偿。这主要是因为：一方面，大区域自身耕地未减少，且可以无偿享受到库区用耕地损失换来的水利工程所产生的经济效益、生态效益和社会效益；另一方面，库区因水利工程建设导致优质耕地的大量损失，而补偿标准又偏低，使得库区丧失了公平发展的机会。因此，能享受到水利工程建设带来效益的大区域理应给予库区经济补偿。

（4）加强立法

以上对完善耕地征用价值补偿体系、提高补偿标准、建立区域间补偿长效机制等问题进行了探讨，但要使大中型水利工程影响下区域耕地价值能得到完全补偿，各项改进工作得到顺利推进，必须加强立法，以法律的形式明确耕地经济、社会、生态综合价值补偿体系，明确以库区耕地实际承载着的各种功能价值水平为依据科学确定补偿标准，明确区域间补偿长效机制的构建等等，从而为完善耕地价值补偿制度提供法律依据和保障。

6.3　小结

（1）本章通过构建大中型水利工程影响下区域耕地价值补偿框架，采用耕地补偿价值测算方法，对南川金佛山、渝北观音洞、长寿龙门桥、石柱东方红四个库区直接价值补偿和间接价值补偿进行了测算，有利于深入认识大中型水利工程影响下损失耕地的价值补偿框架和特征，为科学进行水利工程建设决策分析、解决工程建设占用耕地价值在征用过程中的充分体现等问题提供一定的理论基础和思路。

（2）通过对四个库区耕地直接价值补偿和间接价值补偿进行测算，四个库区耕地直接价值补偿总体与库区淹没和建设占用耕地数量成正比，耕地损失越多，耕地直接价值补偿越大。从新增或改善灌面间接价值补偿来看，以农业灌溉为主要功能的水利工程或虽不以农业灌溉为主但其用于农业灌溉的供水量较大的水利工程，因新增和改善灌面效益较大，其间接价值补偿水平更高。从库区新增水域间接生态价值补偿来看，四个库区总体与库区淹没耕地数量成正比，耕地淹没越多，新增水域生态价值补偿越大。

（3）要促进耕地资源综合价值在耕地征用过程中得以充分体现，确保大中型水利工程影响下库区人民生产生活水平不降低、逐步能致富，现阶段应进一步完善耕地价值补偿制度相关问题：一是完善耕地征用价值补偿体系，通过向占用耕地者征收耕地生态补偿费的形式将具有外部性的生态服务功能价值纳入价值补偿体系中实现内部化；二是提高耕地征用价值补偿标准，以测算出的库区耕地实际承载着的各种功能价值水平为依据进行补偿标准的确定，使补偿标准能较为真实地反映出损失耕地的价值水平；三是建立区域间补偿长效机制，使享受到水利工程建设带来的新增和改善灌面效益的区域通过财政转移支付的方式对库区进行补偿；四是加强立法，以法律的形式明确耕地经济、社会、生态综合价值补偿体系，明确以库区耕地实际承载着的各种功能价值水平为依据确定补偿标准，明确区域间补偿长效机制的构建等等，从而为完善耕地价值补偿制度提供法律依据和保障。

第 7 章

大中型水利工程建设背景下邻近耕地价值变化分析

7.1 数据来源与方法

7.1.1 数据来源

本部分数据主要来源于两个方面：

一是相关统计报表、研究报告和规划报告。统计报表包括乡镇社会经济统计报表、土地台账、实物指标调查统计表等；研究报告主要是由重庆市水利电力建筑勘测设计研究院编制的《重庆南川金佛山水利工程可行性研究报告》（2010年）、《重庆渝北观音洞水利工程可行性研究报告》（2007年）、《重庆长寿龙门桥水利工程可行性研究报告》（2011年）和《重庆石柱东方红水利工程可行性研究报告》（2011年）；规划报告主要是南川区土地利用总体规划（2006~2020年）、渝北区土地利用总体规划（2006~2020年）、长寿区土地利用总体规划（2006~2020年）和石柱县土地利用总体规划（2006~2020年）。

二是通过调查获取数据。本研究以南川金佛山水利工程、渝北观音洞水利工程、长寿龙门桥水利工程、石柱东方红水利工程勘界图为基础，分别于2011年4月、5月、6月对金佛山库区、观音洞库区、龙门桥库区、东方红库区进行了抽样调查（抽样区域主要为库区涉及村组）。

7.1.2 研究方法

(1) 库区耕地价值变化

库区耕地价值变化（Δv_i）是库区耕地价值增加值与损失值的差值，计算公式如下：

$$\Delta v_i = p_i - d_i \tag{7-1}$$

式中：Δv_i——库区耕地价值变化值（万元）；p_i——库区耕地价值增加值（万元）；d_i——库区耕地价值损失值（万元）；i——i 取 0、1、2、3、4，分别代表库区耕地价值总体变化情况、库区耕地经济价值、耕地社会稳定价值、耕地社会保障价值、耕地生态价值。

(2) 区域耕地价值变化

区域耕地价值变化（ΔP_i）是区域耕地价值增加值与损失值的差值，计算公式如下：

$$\Delta P_i = P_i - D_i \tag{7-2}$$

式中：ΔP_i——水利工程所在区域耕地价值变化值（万元）；P_i——区域耕地价值增加值（万元）；D_i——区域耕地价值减少值（万元）；i——i 取 0、1、2、3、4，分别代表区域耕地价值总体变化情况、区域耕地经济价值、耕地社会稳定价值、耕地社会保障价值、耕地生态价值。

7.2 耕地价值变化分析

耕地价值变化研究主要是分析水利工程建成后耕地价值的增减变化

情况。在此需对水利工程所在小区域即库区，以及水利工程所在大区域即区县，分别进行耕地价值变化分析。因为对于小区域库区来讲，水利工程修建后耕地价值补偿仅是直接补偿和新增水域生态价值补偿两部分（这是库区因耕地损失主要能享受到的补偿）；而对于大区域来讲，由于水利工程修建后可以改善库区以外耕地灌溉条件，间接增加区域（库区以外）耕地经济产出效益和社会效益。因此，大区域耕地价值补偿应包括直接补偿、新增水域生态价值补偿和新增或改善灌面价值补偿三部分。

7.2.1 库区耕地价值变化

（1）库区耕地经济价值变化特征

在大中型水利工程修建影响下，四个库区耕地经济价值均表现为减少。从对水利工程修建前后库区耕地经济价值损失量和价值补偿量的计算可知，两个价值计算的耕地面积基数都是水利工程建设直接淹没和建设占用耕地面积之和，导致两个价值存在差异的主要原因是实际计算出的库区耕地单位面积损失经济价值与视为库区耕地经济价值补偿的土地补偿费标准之间存在差距。

南川金佛山库区耕地经济价值减少变化程度最为明显，水利工程修建前后耕地经济价值减少了 8 706.88 万元，这主要是因为金佛山水利工程是大型水利工程，占用耕地面积比较大；同时，视为库区耕地经济价值补偿的土地补偿费标准较低，仅为 213 000 元/hm²，而实际计算出的库区耕地单位面积损失经济价值为 688 984.95 元/hm²，是土地补偿费标准的 3.23 倍。渝北观音洞库区因水利工程建设占用耕地面积仅次于金佛山，以及实际计算出的库区耕地单位面积损失经济价值与视为库区耕地经济价值补偿的土地补偿费标准之间的差距较大,前者是后者的 2.67 倍,使得该库区耕地经济价值减少变化程度仅次于金佛山库区。虽然长寿龙门桥库区水利工程建设占用耕地面积比石柱东方红库区多 16.62hm^2,但由于东方红库区实际计算出的库区耕地单位面积损失经济价值与视为库区耕地经济价值补偿的土地补偿费标准之间的差距 650 750.44元/hm^2远远大于龙门桥库区二者之间的差距 428 290.65 元/hm^2,使得东方红库区耕地经济价值减少变化程度较龙门桥库区更为明显。

综上可知,当前水利工程建设中土地补偿费标准还比较低,无法弥补耕地损失带来的经济价值损失。降低耕地经济价值的损失的关键在于水利工程建设中减少对耕地的占用和提高土地补偿费标准。

(2) 库区耕地社会稳定价值变化特征

在大中型水利工程修建影响下,四个库区耕地社会稳定价值均表现为减少。从对水利工程修建前后库区耕地社会稳定价值损失量和价值补偿量的计算可知,导致两个价值存在差异的主要原因是实际计算出的库区耕地单位面积提供的社会稳定价值与看作库区耕地社会稳定功能价值补偿的耕地开垦费标准之间存在差距。

南川金佛山库区耕地社会稳定功能价值减少的变化程度最明显,水利工程修建前后耕地社会稳定功能价值减少了 2 112.83 万元。这主要是因为金佛山水利工程是大型水利工程,占用耕地面积比较大;同时,视为库区耕地社会稳定功能价值补偿的耕地开垦费标准较低,仅为 100 000元/hm^2,而实际计算出库区耕地单位面积损失的社会稳定功能价值为 215 503.70 元/hm^2,是耕地开垦费标准的2.16 倍。渝北观音洞库区虽然建设占用耕地面积较大,仅次于金佛山,但其耕地社会稳定功能价值减少变化程度是最小的,水利工程修建前后耕地社会稳定功能价值仅减少了 242.17 万元。这主要是因为渝北区在重庆市位于主城区，区位条件较好，耕地开垦费补偿标准较高，从而使得实际计算出的库区耕地单位面积提供的社会稳定功能价值与视为库区耕地社会稳定功能价值补偿的耕地开垦费标准之间的差距较小，前者仅是后者的 1.09 倍。同样，虽然长寿龙门桥库区因水利工程建设损失耕地面积大于石柱东方红库区 16.62hm^2，但由于长寿地处重庆一小时经济圈，区位条件较好，耕地开垦费补偿标准高于位于渝东南翼的石柱县，使得龙门桥库区实际计算出的库区耕地单位面积提供的社会稳定价值与看作库区耕地社会稳定功能价值补偿的耕地开垦费标准之间的差距 77 051.19 元/hm^2，远远小于东方红库区二者之间的差距 125 956.65 元/hm^2，从而使得东方红库区耕地社会稳定功能价值减少变化程度较龙门桥库区更为明显。

综上可知，当前水利工程建设中土地开垦费标准还比较低，无法弥补耕地损失带来的社会稳定功能价值损失。降低水利工程建设中耕地社会稳定功能价值的损失，关键在于减少对耕地的占用和提高土地开垦费标准。

（3）库区耕地社会保障价值变化特征

从变化绝对量来看，四个库区耕地社会保障价值变化程度均较小，其中渝北观音洞呈增加态势，金佛山、龙门桥、东方红三个库区表现为减少态势。观音洞库区水利工程修建前后耕地社会保障价值呈增加态势的主要原因在于，渝北观音洞人均耕地面积是四个库区中最大的，相应的单位耕地面积承载着的社会保障功能压力就较小，而视为库区耕地社会保障功能价值补偿的安置补助费标准在四个库区中却比较高，仅低于长寿龙门桥库区，即对于观音洞库区来讲，视为库区耕地社会保障功能价值补偿的安置补助费标准高于实际计算出的库区耕地单位面积提供的社会保障功能价值，从而表现为增加的变化。石柱东方红库区因损失耕地面积最少，视为库区耕地社会保障功能价值补偿的安置补助费标准与实际计算出的库区耕地单位面积提供的社会保障功能价值之间的差距也相对较小，因此该库区耕地社会保障价值减少的变化程度最小。金佛山库区虽然损失耕地面积比龙门桥库区多 117.46 hm^2，但实际计算出的库区耕地单位面积提供的社会保障功能价值与当地安置补助费标准之间的差距 7 403.01 元/hm^2，远远小于龙门桥库区二者之间的差距 49 857.23 元/hm^2，从而使得金佛山库区耕地社会保障功能价值变化程度小于龙门桥库区。

总体来讲，当前水利工程建设中对于损失耕地的社会保障功能价值补偿还不够充分。降低水利工程建设中耕地社会保障功能价值的损失，一条途径即是减少对耕地的占用和提高安置补偿费标准，但这只是治标不治本，关键在于通过采取措施提高农民收入、加快农村人口城镇化、进一步完善农村社会保障体系等来减小农村人口对耕地的社会保障需求，减轻耕地承载社会保障功能的压力。

（4）库区耕地生态价值变化特征

当前，对于水利工程建设占用耕地来讲，没有直接的生态价值补偿，本研究提出的生态价值补偿是指耕地被淹没转化为水域后由水域生态系统带来的间接生态价值补偿。从表 7-1 可以看出，四个库区耕地生态价值减少变化程度均较大，且四个库区耕地生态价值变化程度总体与耕地损失量成正比关系，耕地损失量最大的金佛山库区其耕地生态价值损失也最多，耕地损失量最小的东方红库区其耕地生态价值损失也最少。根据相关研究，由于生态系统的生态服务功能大小与其容纳生物量关系密切，表现为生物量越大，生态服务功能越强。而一般情况下，耕地面积越大其生物量也就越大。这是四个库区耕地生态价值变化程度为什么总体与耕地损失量成正比关系的一个重要原因。

总体而言，由于耕地具有显著的外部性和公共物品属性，使得长期以来，在耕地转用过程中，耕地资源的生态价值等外部性价值都无法得到充分体现。降低水利工程建设中耕地生态价值的损失，急需完善耕地征用过程中的价值补偿体系，在征地环节中增加生态补偿费征收项目，具体可以通过向占用耕地者征收耕地生态补偿费的形式实现。通过把具有外部性的生态服务功能价值纳入价值补偿体系中实现内部化。一方面，可以增加占用耕地的成本，提高耕地的比较效益，从而扼制耕地的快速流失；另一方面，可以提高人类的耕地生态环境保护意识，促进人类对耕地的合理利用和积极保护。

(5) 库区耕地价值总体变化特征

从表 7-1 可以看出，四个库区耕地价值变化程度与耕地损失量成正比关系，且总体呈减少的变化，表明目前水利工程建设中对损失耕地的价值补偿还不够充分。从各构成部分来看，水利工程修建导致耕地生态价值和经济价值的损失相对较高，其次是耕地社会稳定价值，耕地社会保障价值损失相对较低。降低大中型水利工程建设中库区耕地价值损失，从补偿角度来讲，急需完善耕地价值补偿体系，把生态价值等外部性较强的价值纳入补偿体系，并提高耕地损失的土地补偿费、安置补助费、耕地开垦费等补偿标准。从减少所需补偿量角度来讲，一是遵循节约集约用地原则，采取各种工程措施降低对耕地的占用；二是通过采取措施提高农民收入、加快农民城镇化进度、进一步建立和完善农村社会保障体系等来减小农村人口对耕地的社会保障需求，减轻耕地承载社会保障功能的压力，从根本上减少因耕地减少而需补偿的耕地社会保障价值量。

表 7-1　　　　　　　　　四个库区耕地价值变化计算表

库区	金佛山库区	观音洞库区	龙门桥库区	东方红库区
库区耕地经济价值变化（万元）	-8 706.88	-5 497.04	-2 803.62	-3 178.09
库区耕地社会稳定价值变化（万元）	-2 112.83	-242.17	-504.38	-615.14
库区耕地社会保障价值变化（万元）	-135.42	391.39	-326.37	-114.25
库区耕地生态价值变化（万元）	-8 826.78	-5 821.99	-3 162.24	-2 120.76
库区耕地价值总体变化（万元）	-19 781.91	-11 169.81	-6 796.61	-6 028.24

备注：+代表价值增加，-代表价值减少。

7.2.2　区域耕地价值变化

（1）区域耕地经济价值变化特征

与库区耕地经济价值变化特征不同，在大中型水利工程修建影响下，仅有长寿区耕地经济价值呈减少变化，其余南川区、渝北区、石柱县区域耕地经济价值均呈增加变化。

南川区耕地经济价值增加变化程度最为明显，水利工程修建前后耕地经济价值增加了41 008.73万元，这主要是因为金佛山水利工程是大型水利工程，且以农业灌溉为主要任务，新增和改善灌面效益较大，相应折算耕地面积较大，仅考虑新增和改善灌面折算耕地带来的经济价值就远远超过了水利工程修建导致的耕地经济价值损失，是耕地经济价值损失值的3.94倍。渝北区虽然占用耕地面积仅次于南川区，耕地经济价值损失较大，同时设计功能以城镇供水和工业供水为主，但因其农业灌溉用水绝对量相对较大，新增和改善灌面效益较高，其新增和改善灌面折算耕地带来的经济价值就超过了水利工程修建导致的耕地经济价值损失，是耕地经济价值损失值的1.29倍，因此渝北区耕地经济价值增加值也较大，为5860.34万元，变化程度仅次于南川区。石柱县水利工程虽设计以农业灌溉为主，但其绝对供水量少，新增和改善灌面效益低，但由于占用耕地面积少，耕地经济价值损失小，使其新增和改善灌面折算耕地带来的经济价值仍超过了水利工程修建导致的耕地经济价值损失，是耕地经济价值损失值的1.20倍，从而使得该区域耕地经济价值增加变化程度位于第三位。长寿区耕地经济价值呈减少变化，主要是因为该区域水利工程以工业供水为主，农业新增和改善灌面效益低，直接经济价值补偿与新增灌面折算耕地带来的经济价值补偿之和3319.55万元仍然低于耕地损失导致的耕地经济价值损失值4615.24万元。

综上可知，对于水利工程所在大区域来讲，由于可以享受到水利工程建成后带来的农业灌溉补偿，以农业灌溉为主要功能的水利工程所在区域，或者虽然不以农业灌溉为主，但其用于农业灌溉的供水量较大，折算耕地面积仍能大于损失耕地面积的区域，其耕地经济价值均呈增加变化。这也表明，虽然从库区来看，进行水利工程建设会导致库区耕地经济价值损失，是不合理的工程行为，但从整个大区域来看，当新增或改善灌面效益折算耕地面积大于库区耕地损失量时，整个区域的耕地经济价值则是增加的，进行水利工程建设是为人类社会创造福利。

（2）区域耕地社会稳定价值变化特征

与区域耕地经济价值变化大致相同，在大中型水利工程修建影响下，仅有长寿区耕地社会稳定价值呈减少变化，其余南川区、渝北区、石柱县区域耕地社会稳定价值均呈增加变化。南川区、渝北区、石柱县区域耕地社会稳定价值呈增加变化,主要是因为这三个区域仅新增和改善灌面折算耕地带来的社会稳定价值就已超过水利工程修建造成的耕地社会稳定价值损失,分别是耕地社会稳定价值损失值的 3.94 倍、1.29 倍和 1.20 倍。长寿区耕地社会稳定价值呈减少变化,主要是因为该区域水利工程以工业供水为主,农业新增和改善灌面效益低,直接经济价值补偿与新增灌面折算耕地带来的社会稳定价值补偿之和为 1 467.25 万元,仍然低于耕地损失导致的耕地社会稳定价值损失值 1 486.29 万元。

虽然从库区来看,进行水利工程建设会导致库区耕地社会稳定价值损失,是不合理的工程行为,但从整个大区域来看,当新增或改善灌面效益折算耕地面积大于库区耕地损失量时,整个区域的耕地社会稳定功能价值则是增加的,有利于提高当地的粮食安全保障水平。

(3) 区域耕地社会保障价值变化特征

在大中型水利工程修建影响下,南川区、渝北区、长寿区、石柱县区域耕地社会保障价值均呈增加变化。南川区、渝北区、石柱县区域耕地社会保障价值呈增加变化,主要是因为这三个区域仅新增和改善灌面折算耕地带来的社会保障价值就超过了水利工程修建导致的耕地社会保障价值损失,分别超过耕地社会保障价值损失值的 7 282.77 万元、462.42 万元和 168.95 万元。长寿区耕地社会保障价值也呈增加变化,但其增加变化程度是四个库区中最低的,主要是因为该区域水利工程以工业供水为主,农业新增和改善灌面效益低,直接耕地社会保障价值补偿与新增灌面折算耕地带来的社会保障价值补偿之和为 1 548.75 万元,刚刚超过耕地损失导致的耕地社会保障价值损失值 1 413.34 万元。

由此可知,虽然从库区来看,水利工程建设中库区耕地社会保障价值不能得到充分补偿,但从整个大区域来看,选取的四个大中型水利工程所在区域耕地社会保障价值都得到了充分补偿,大型水利工程的建设有助于提升区域耕地承载社会保障功能的能力。

(4) 区域耕地生态价值变化特征

对于耕地生态价值来讲,大区域和小区域的生态价值补偿均仅由耕地被淹没转化为水域后由水域生态系统带来的间接生态价值补偿。因此,与库区耕地生态价值变化特征一样,南川区、渝北区、长寿区、石柱县四个区域耕地生态价值也呈减少变化,且减少变化程度均较大。四个区域耕地生态价值变化程度总体与耕地损失量成正比关系,耕地损失量最大的金佛山所在区域南川区其耕地生态价值损失也最多,耕地损失量最小的东方红所在区域石柱县其耕地生态价值损失也最少。

总体而言,无论从小区域库区还是从大区域区县来讲,由于耕地具有显著的外部性和公共物品属性,使得长期以来在耕地转用过程中,耕地资源的生态价值等外部性价值都无法得到充分体现。因此,征地价值补偿体系急需补充和完善,在征地环节中增加生态补偿费征收项目,实现耕地生态价值的充分补偿。

(5) 区域耕地价值总体变化特征

从表7-2可以看出,以农业灌溉为主要功能的水利工程所在区域南川区和石柱县,或虽然不以农业灌溉为主,但其用于农业灌溉的供水量较大,折算耕地面积仍能大于损失耕地面积的区域渝北区,其耕地价值总体呈增加变化,说明水利工程建设具有宏观的社会效益和经济效益,对于改善区域耕地灌溉供水条件、缓解灌区人畜饮水矛盾具有重要作用,反映出水利工程建设的必要性和可行性。反之,以工业或城镇供水为主要功能的水利工程所在区域长寿区,因新增或改善灌面少,其耕地价值总体呈减少变化。降低大中型水利工程建设中区域耕地价值损失,一是急需完善耕地价值补偿体系,把生态价值等外部性较强的价值纳入补偿体系；二是在进行水利工程功能设计时，尽量多为农业灌溉提供保障，使新增或改善灌面效益较大。

表 7-2　　　　　　　四个区域耕地价值变化计算表

区域	南川区	渝北区	长寿区	石柱县
区域耕地经济价值变化（万元）	41 008.73	5 860.34	-1 295.69	2 109.84
区域耕地社会稳定价值变化（万元）	13 437.43	3 403.52	-18.77	705.57
区域耕地社会保障价值变化（万元）	9 620.53	2 441.77	135.41	913.08
区域耕地生态价值变化（万元）	-8 826.78	-5 821.99	-3 162.24	-2 120.76
区域耕地价值总体变化（万元）	55 239.90	5 883.63	-4 341.30	1 607.73

7.3　小结

（1）四个库区耕地价值变化程度与耕地损失量成正比关系，且总体呈减少变化，表明目前水利工程建设中对损失耕地的价值补偿不够充分，急需提高耕地的土地补偿费、安置补助费、耕地开垦费等补偿标准。从各构成部分来看，水利工程修建导致耕地生态价值损失较大，表明生态价值是耕地综合价值的重要组成部分，当前急需完善耕地价值补偿体系，把生态价值等外部性价值纳入补偿体系，提高耕地价值补偿水平。

（2）区域耕地价值变化分析表明，以农业灌溉为主要功能的水利工程所在区域南川区和石柱县，或虽然不以农业灌溉为主，但其用于农业灌溉的供水量较大，折算耕地面积仍能大于损失耕地面积的区域渝北区，其耕地价值总体呈增加变化，表明水利工程建设具有宏观的社会效益和经济效益，对于改善区域耕地灌溉供水条件、缓解灌区人畜饮水矛盾具有重要作用，反映出水利工程建设的必要性和可行性。反之，以工业或城镇供水为主要功能的水利工程所在区域长寿区，因新增或改善灌面少，其耕地价值总体呈减少变化。这揭示出在进行水利工程功能设计时，尽量多为农业灌溉提供保障，使新增或改善灌面效益较大，从而确保水利工程影响下区域耕地损失价值可通过间接方式得以充分补偿。

（3）从对水利工程所在小区域，即库区及水利工程所在大区域即区县两个角度进行耕地价值损失和耕地价值补偿之间的变化分析可知，对于同一个水利工程项目，分析其影响的区域范围不同，水利工程产生的作用效果也截然不同。这表明在进行水利工程建设决策分析时，不能仅以小区域耕地损失导致的耕地价值呈减少变化而否定工程建设意义，应结合小区域水利工程建设带给大区域的辐射效益情况进行综合决策；同时，大区域因可以无偿享受到库区用耕地损失换来的水利工程所产生的经济效益、生态效益和社会效益，所以需构建大区域对小区域的价值补偿机制，实现区域间的平衡发展。

第 8 章

大中型水利工程建设背景下耕地保护策略 I
——建立耕地价值损失防控体系

第 8 章 大中型水利工程建设背景下耕地保护策略 I——建立耕地价值损失防控体系

随着 2011 年中央 1 号文件的出台,水利工程建设的春天随之来到,它吹响了新时期水利改革发展新的号角。作为水利工程建设的重点方向——水源工程建设,一直是水利改革发展的重点。在大中型水利工程相继立项的背景下,基于当前用地指标紧张、水库移民补偿标准提高、库区移民不稳定潜在威胁的前提下,水利工程建设不能再以经济效益为唯一目标,而是将淹没耕地指标摆在非常重要的位置。如何减少耕地淹没、减少耕地价值损失是摆在耕地保护者面前的一道难题。

本章基于第 5 章耕地价值损失量化的基础上,在大中型水利工程背景下试图构建一套耕地价值损失防控体系,达到耕地保护、减少耕地价值损失的效果。耕地价值损失防控体系的概念可解释为,在现有的经济技术条件下,基于满足工程安全、适度工程投资和水库功能不降低的前提下,以优化水库工程规模和减少耕地价值损失为目标,通过建立集约用地指标评价体系,以提高水利建设用地的使用效率,防范耕地的粗放利用;通过优化工程选址、科学工程布置、论证水库规模、优化设计方案等技术手段,最终达到节约用地、减少占用耕地的目标,将耕地价值损失控制在最低范围。

按照水利建设永久用地的性质,分为直接占地和间接占地。相应地水利建设用地集约评价也分为直接占地的集约评价和间接占地的集约评价,各自构建一套适合直接用地和间接用地的集约评价指标体系,对其进行集约度评价。

8.1 水利直接用地集约评价

8.1.1 构建评价指标体系

8.1.1.1 评价目标

从水利工程用地集约化发展的影响因素及表征指标出发，结合土地利用系统特点，对水利建设用地集约度拟从用地结构、用地效益、耕地价值损失三方面进行评价。

(1) 水利用地结构目标

水利用地结构的合理性是水利用地集约评价的目标之一。水利用地结构的合理性要从该水利工程建设淹没土地总面积、淹没耕地面积、临时占用土地总面积和临时用地复垦率来评价。在满足灌溉和供水需求情况下，水利建设占用的土地数量越少则越集约。水利建设用地，在被占用前的效用越低，而被占用后效用越大，则越符合土地集约利用的标准。由于耕地（尤其是基本农田）相对于其他土地来说，具有保障国家粮食安全、维护社会稳定的功能要求，所以需要重点考虑新增水利用地所占用耕地的数量，将其作为一项重要指标进行评价。单位蓄水量（万立方米）淹没的耕地面积越少，说明该水利工程用地越集约、效用越大，同时也证明该水利工程选址位置合理、占地合适，用较少的淹没代价实现了相同的灌溉、供水、防洪等功能。

(2) 水利用地效益目标

水利用地效益依据其工程功能定位来确定。以灌溉为主的水利工程服务对象主要是耕地和灌区人畜饮水，以城市供水为主的水利工程主要对象是城市人口和城市工商业用水。水利用地需要满足耕地或人对水的需求，要有一定的人口承载力，单位面积承载的耕地、人口越多则越集约。水利建设用地规模受区域经济发展的影响，同时影响着区域经济的发展。要对水利工程进行集约利用，可以用单位面积水利用地的固定资产投资强度来进行量化。由于水利工程是公益性工程，大部分投资均有国家财政、市级财政进行分摊，固定资产投资越小，水利工程产生的经济效益越大，则水利用地的功能性越强，可以用单位面积水利用地的投资总额反映。单位面积用地蓄水数量的多少可以反映水利用地的功能大小，蓄水量越大，说明其效益越好。

(3) 耕地价值损失最低目标

水利工程用地的集约度与耕地价值损失成反比，即耕地价值损失越大，则水利工程集约度就越小；反之，耕地价值损失越小，则水利工程集约度就越高。它可以很好地反映水利工程的建设对耕地价值的影响。因此，拟选取单位蓄水量耕地经济价值损失、单位蓄水量耕地社会价值损失和单位蓄水量耕地生态价值损失三个指标值进行评价。

8.1.1.2 评价指标体系选取原则

土地集约利用的终极目标是实现土地资源的可持续利用与社会、经济、环境的可持续发展，土地利用系统是一个复合系统，因此水利建设集约用地评价是对一个多目标复杂系统的评价，评价指标涉及多学科多领域，其选取工作应遵循下列原则：

(1) 系统性原则

必须从系统的整体性出发,多样运用分析与综合、分解与协调、定性与定量等研究方法,精确处理整体与局部的辩证关系,科学地把握系统。水利建设集约用地系统是一个综合的概念,因此指标的选取要从多方面多角度综合反映水利建设集约用地的内涵,涵盖经济、社会与生态影响因素及土地的可持续性发展和利用。

(2) 前瞻性原则

水利建设集约用地评价要能预见水利建设用地的未来发展方向、趋势和重点,并与区域土地利用总体目标相吻合,实现未来土地利用的高效和优化。因此,指标的制订要始终贯彻前瞻性原则,不仅能够科学确定和筛选水利建设集约用地的影响因素,发现各影响因素对水利建设集约用地发展变化的作用机理,而且能够引导水利建设用地朝着可持续利用的方向发展。

(3) 动态性原则

水利工程集约用地是一个动态的过程,土地的集约利用指标应充分考虑水利工程今后的发展规划,社会经济对水的需求也是有差别的,这将导致水利工程建设集约用地的方式、目标均会有所不同。因而指标选取应能反映时空变化特征,以便客观准确反映所评价区域的特点和水利建设集约用地的发展状况。

(4) 特殊性原则

评价指标的选择应尽可能突出水利建设用地这一特殊用地形式的特点,例如水利建设用地利用系统的组成、结构、层次、环境等方面的特点。因此,指标的选取应注意与水利建设集约用地的关联性。

(5) 可操作性原则

所选指标应该便于采集,便于处理,具有较强的可操作性。评价指标的选择要考虑数据的可得性、人力、物力成本以及相关技术手段和能力。为保证评价指标的科学、准确和完整,评价指标不仅要可测量,便于统计和计算,还要有足够的连贯数据量。这就要求要选取的评价指标有相对稳定和可靠的数据来源渠道,能够在相关权威技术部门提供的资料或通过实地调查的基础上,直接获取这些指标可量化的数据。

(6) 规范性原则

评价所需要的数据和资料应具有普遍性与可比性,因而所采用指标的内容和方法都必须遵循一定的规范化要求,不仅在时间上可以对水利建设集约用地的历史、现状和未来发展状况进行纵向评价,而且在空间上要满足适合于不同区域之间的横向比较的需要。

8.1.1.3 指标体系

按照上述提出的评价目标和构建原则,重庆市水利用地集约评价的指标体系及其含义见表8-1和表8-2。

表8-1　　　　水利建设用地集约评价指标体系

目标层	准则层	指标层
水利用地集约评价综合指数	集约用地结构指数	1. 单位蓄水量(万立方米)淹没土地总面积
		2. 单位蓄水量(万立方米)淹没耕地面积
		3. 单位蓄水量(万立方米)临时占用土地面积
		4. 临时用地复垦率
	集约用地效益指数	5. 单位面积水利用地固定资产投资额
		6. 单位面积水利用地蓄水量
		7. 单位面积水利用地灌溉面积
		8. 单位面积水利用地供水人口
	耕地价值损失指数	9. 单位蓄水量耕地经济价值损失
		10. 单位蓄水量耕地社会价值损失
		11. 单位蓄水量耕地生态价值损失

表 8-2　　　　　水利设施用地集约评价指标解释

指标代码	指标名称	解释
A1	单位蓄水量（万立方米）淹没土地总面积	淹没土地总面积/总库容
A2	单位蓄水量（万立方米）淹没耕地面积	淹没耕地面积/总库容
A3	单位蓄水量（万立方米）临时占用土地面积	临时用地面积/总库容
A4	临时用地复垦率	复垦后用地面积/临时用地面积
B1	单位面积水利用地固定资产投资额	固定资产投资额/水利用地面积
B2	单位面积水利用地蓄水量	总库容/水利用地面积
B3	单位面积水利用地灌溉面积	灌溉面积/水利用地面积
B4	单位面积水利用地供水人口	供水人口/水利用地面积
C1	单位蓄水量（万立方米）耕地经济价值损失	耕地经济价值损失/总库容
C2	单位蓄水量（万立方米）耕地社会价值损失	耕地社会价值损失/总库容
C3	单位蓄水量（万立方米）耕地生态价值损失	耕地生态价值损失/总库容

8.1.1.4　指标含义

（1）单位蓄水量（万立方米）淹没土地总面积（A1）：淹没土地总面积与水库总库容的比值，反映了单位蓄水量淹没土地面积的大小。淹没面积越小，其效用越大，结构越为合理。为负相关指标。

（2）单位蓄水量（万立方米）淹没耕地面积（A2）：淹没耕地面积与水库总库容的比值，反映了单位蓄水量淹没耕地面积的大小。淹没耕地面积越小，其效用越大，结构越为合理。为负相关指标。

（3）单位蓄水量（万立方米）临时占用土地面积（A3）：临时占用土地面积与水库总库容的比值，反映了单位蓄水量临时占用土地面积的大小。临时占用土地面积越小，其效用越大，结构越为合理。为负相关指标。

（4）临时用地复垦率：复垦后用地面积与临时用地面积的比值

(A4），反映了临时用地复垦面积的大小。临时用地复垦率越大,说明其效果越好。为正相关指标。

(5) 单位面积水利用地固定资产投资额（B1）：固定资产投资额与水利用地面积的比值,反映了单位面积水利用地固定资产投资额的大小。由于水利工程属于公益性工程,大部分投资均有国家和地方财政拨付,在相同蓄水量规模的前提下,固定资产投资额越小,其效益越明显。为负相关指标。

(6) 单位面积水利用地蓄水量（B2）：总库容与水利用地面积之比值,反映单位面积水利用地可容纳的蓄水量的大小。其单位面积蓄水量越大,其效益越好,其占地面积越小。为正相关指标。

(7) 单位面积水利用地灌溉面积（B3）：为灌溉面积与水利用地面积之值,反映单位面积水利用地可灌溉耕地面积的大小。其单位面积灌溉耕地面积越大,其效益越好。为正相关指标。

(8) 单位面积水利用地供水人口（B4）：为供水总人口与水利用地面积之值,反映单位面积水利用地可供水人口的大小。其单位面积供水人口越大,其效益越好。为正相关指标。

(9) 单位蓄水量（万立方米）耕地经济价值损失（C1）：耕地经济价值损失与总库容的比值,反映出单位蓄水量耕地经济价值损失的大小。其经济价值损失越小,其效用越大。

(10) 单位蓄水量（万立方米）耕地社会价值损失（C2）：耕地社会价值损失与总库容的比值,反映出单位蓄水量耕地社会价值损失的大小。其社会价值损失越小,其效用越大。

(11) 单位蓄水量（万立方米）耕地生态价值损失（C3）：耕地生态价值损失与总库容的比值,反映出单位蓄水量耕地生态价值损失的大小。其生态价值损失越小,其效用越大。

8.1.2 层次分析法

层次分析法（Analytic Hierarchy Process，AHP）是将与决策总是有关的元素分解成目标、准则、方案等层次，在此基础上进行定性分析和定量分析相结合的一种评价和决策的方法（见表8-3）。层次分析法的基本步骤如下：

(1) 建立层次结构模型

(2) 构造重要性判断矩阵

表8-3　　　　　　　　　层次分析法的标度含义

标度值	含义
1	i 与 j 同等重要
3	i 比 j 稍微重要
5	i 比 j 明显重要
7	i 比 j 很重要
9	i 比 j 绝对重要
2、4、6、8	中间过渡性级别
倒数	$b_{ij} = 1/b_{ji}$

在确定 B_{ij} 和 B_{ji} 的值后，得到下面的判断矩阵：

$$\begin{pmatrix} b_{11} & b_{12} & \cdots & b_{1n} \\ b_{21} & b_{22} & \cdots & b_{2n} \\ \vdots & \vdots & \vdots & \vdots \\ b_{n1} & b_{n2} & \cdots & b_{nn} \end{pmatrix}$$

同理，利用判断矩阵确定指标层 C 层对于准则层 B 层指标的相对权重。

(3) 层次单排序及一致性检验（见表 8-4）

表 8-4 平均随机一致性指标

阶数	1	2	3	4	5	6	7	8	9	10	11
RI	0	0	0.58	0.90	1.12	1.20	1.32	1.41	1.45	1.49	1.51

同理，利用判断矩阵确定指标层 C 层对于准则层 B 层指标的相对权重。

(4) 层次总排序及其一致性检验

一致性指标：

$$CI = \sum_{j=1}^{n} b_j CI_j \quad (j = 1, 2, \cdots, n)$$

随机一致性指标：

$$RI = \sum_{j=1}^{n} b_j RI_j \quad (j = 1, 2, \cdots, n)$$

若 $CR = CI/RI < 0.10$，则认为层次总排序的结果具有满意的一致性。

8.1.3 指标标准化

水利建设用地的集约化评价涉及集约用地结构、集约用地效益、耕地价值损失三方面，各因素度量单位不同，需对指标进行标准化处理。所有指标基本可分为三种类型：一是起正作用的指标，如单位面积水利用地蓄水量、单位面积水利用地灌溉面积、单位面积水利用地供水人口。二是起负作用的指标，如单位蓄水量（万立方米）淹没土地总面积、单位蓄水量（万立方米）淹没耕地面积、单位蓄水量（万立方米）临时占用土地面积。三是适度性指标，即指标值应适度，如单位面积水利用地固定资产投资额等。

以上三种类型指标的标准化处理公式如下：

当 x 为正向指标时

$$\begin{cases} a_j = (x_j/t_j) \times 100\% & x_j < t_j \\ a_j = 1 & x_j \geq t_j \end{cases} \quad j = 1, 2, \cdots, n$$

当 x 为负向指标时

$$\begin{cases} a_j = (t_j/x_j) \times 100\% & x_j > t_j \\ a_j = 1 & x_j \leq t_j \end{cases} \quad j = 1, 2, \cdots, n$$

对于适度性指标即指标值不宜过大，也不宜过小，采用下式进行计算

$$\begin{cases} a_j = (x_j/t_j) \times 100\% & x_j < t_j \\ a_j = (t_j/x_j) \times 100\% & x_j > t_j \\ a_j = 1 & x_j = t_j \end{cases} \quad j = 1, 2, \cdots, n$$

式中：a_j——某一指标作用分值，x_j 和 t_j——分别为该指标的实测值和目标值。

8.1.4 综合评价方法

对水利建设用地集约度评价宜采用定量分析方法进行评判，而目前应用较为广泛的是 AHP 层次分析法+综合指数法，即首先用 AHP 层次分析法建立评价指标体系，确定各指标值权重，然后根据综合指数法对各指标进行加权统计得分，最后得出该评价结果的综合得分，根据划定的范围对其结果进行评价。

综合指数法将各项指标转化为同度量的个体指数，对各项指标个体指数进行加权平均，计算综合得分值，用以评价该规划的完成情况。综合指数值越大，则土地集约度越好。综合指数法的基本思路是利用层次分析法计算的权重和指数法取得的数值进行累乘法运算，然后相加，得

出综合评价指数。

$$F_i = \sum_{j=1}^{n} \lambda_{ik} \times W_j \qquad F = \sum_{i=1}^{n} F_i \times W_i$$

式中，F_i——各指标状态层数值，W_j——指标状态层的权重。

将水利建设用地集约度划分为四个区间。

- 高效利用：综合指标分值≥0.8；
- 中度利用：0.6≤综合指标分值<0.8；
- 低效利用：0.4≤综合指标分值<0.6；
- 粗放利用：综合指标分值<0.4。

8.1.5 评价结果

（1）准则层

集约度评价准则层进行评价，利用 DPS 软件，W1=0.3377，W2=0.4227，W3=0.2396（见表 8-5）。

表 8-5　　　　准则层权重计算及一致性检验

准则层指标	集约用地结构	集约用地效益	耕地价值损失
集约用地结构	1	3/4	3/2
集约用地效益	4/3	1	5/3
耕地价值损失	2/3	3/5	1

$\lambda_{max}=3.0000$，CI=0.0016，RI=0.58，CR=0.0027<0.10，通过一致性检验。

（2）集约用地结构子系统（见表 8-6）

WA1=0.3537，WA2=0.3537，WA3=0.1717，WA4=0.1209。

表 8-6　集约用地结构系统指标权重计算及一致性检验

指标	单位蓄水量（万立方米）淹没土地总面积（A1）	单位蓄水量（万立方米）淹没耕地面积（A2）	单位蓄水量（万立方米）临时占用土地面积（A3）	临时用地复垦率（A4）
单位蓄水量（万立方米）淹没土地总面积（A1）	1	1	2	3
单位蓄水量（万立方米）淹没耕地面积（A2）	1	1	2	3
单位蓄水量（万立方米）临时占用土地面积（A3）	1/2	1/2	1	4/3
临时用地复垦率（A4）	1/3	1/3	3/4	1

$\lambda_{max} = 3.9963$，$CI = -0.0012$，$RI = 0.90$，$CR = -0.0014 < 0.10$，通过一致性检验。

（3）集约用地效益子系统（见表 8-7）

$WB1 = 0.2753$，$WB2 = 0.3338$，$WB3 = 0.2192$，$WB4 = 0.1717$。

表 8-7　集约用地效益系统指标权重计算及一致性检验

指标	单位面积水利用地固定资产投资额（B1）	单位面积水利用地蓄水量（B2）	单位面积水利用地灌溉面积（B3）	单位面积水利用地供水人口（B4）
单位面积水利用地固定资产投资额（B1）	1	5/6	4/3	3/2
单位面积水利用地蓄水量（B2）	6/5	1	3/2	2
单位面积水利用地灌溉面积（B3）	3/4	2/3	1	4/3
单位面积水利用地供水人口（B4）	2/3	1/2	3/4	1

$\lambda_{max} = 4.0039$,CI $= 0.0013$,RI $= 0.90$,CR $= 0.0015 < 0.10$,通过一致性检验。

(4) 耕地价值损失子系统(见表 8-8 及表 8-9)

WC1 $= 0.4054$,WC2 $= 0.2703$,WC3 $= 0.3243$。

表 8-8　耕地价值损失子系统指标权重计算及一致性检验

指标	单位蓄水量耕地经济价值损失(C1)	单位蓄水量耕地社会价值损失(C2)	单位蓄水量耕地生态价值损失(C3)
单位蓄水量耕地经济价值损失(C1)	1	3/2	5/4
单位蓄水量耕地社会价值损失(C2)	2/3	1	5/6
单位蓄水量耕地生态价值损失(C3)	4/5	6/5	1

$\lambda_{max} = 3.000$,CI $= 0$,RI $= 0.58$,CR $= 0 < 0.10$,通过一致性检验。

表 8-9　层次总排序及一致性检验

指标	P_1 0.3377	P_2 0.4227	P_3 0.2396	总排序权重 Wi
A1	0.3537			0.1194
A2	0.3537			0.1194
A3	0.1717			0.0580
A4	0.1209			0.0408
B1		0.2753		0.1164
B2		0.3338		0.1411
B3		0.2192		0.0927
B4		0.1717		0.0726
C1			0.4054	0.0971
C2			0.2703	0.0648
C3			0.3243	0.0777

按照前面的指标体系和权重值计算结果，结构指标参照全国国内大型水库工程平均指标值确定（包括水口、三门峡、二滩等大型水利水电工程），效益与价值损失指标因国内尚无此标准，采取 4 个工程相对较优的作为标准值。按此方法标准化各指标值后，计算出各个水库工程集约度分值（见表 8-10）。

表 8-10　　国内大型水利水电工程主要经济指标表

序号	项目	单位	指标					
			二滩	小浪底	天生桥	水口	三峡	瀑布沟
1	装机容量	万 kW	330	180	120	140	18 200	330
2	年发电量	亿 kW·h	170	51	52.25	49.5	847	145.3
3	总库容	亿 m^3	58	272	102.6	23.4	393	50.6
4	淹没人口	人	45 812	189 700	48 459	70 462	1 200 000	86 027
5	淹没耕地	亩	35 345	227 800	81 715	43 671	4 182 796	52 686

经计算，南川金佛山水利工程的集约度分值为 0.7531；渝北观音洞水利工程土地集约度次之，分值为 0.5524；第三是石柱东方红水利工程，集约度分值为 0.3936；第四是长寿龙门桥水利工程，集约度是 0.3832（见表 8-11 及图 8-1）。

表 8-11　　各水库工程土地利用集约度分值计算结果

指标代码	指标名称	权重值	南川金佛山	渝北观音洞	长寿龙门桥	石柱东方红
A1	单位蓄水量（万立方米）淹没土地总面积	0.1194	0.0958	0.0394	0.0365	0.0358
A2	单位蓄水量（万立方米）淹没耕地面积	0.1194	0.0871	0.0487	0.0282	0.0366
A3	单位蓄水量（万立方米）临时占用土地面积	0.0580	0.0339	0.0580	0.0146	0.0169

续表

指标代码	指标名称	权重值	南川金佛山	渝北观音洞	长寿龙门桥	石柱东方红
A4	临时用地复垦率	0.0408	0.0327	0.0286	0.0286	0.0367
B1	单位面积水利用地固定资产投资额	0.1164	0.0390	0.1164	0.0789	0.0659
B2	单位面积水利用地蓄水量	0.1411	0.1258	0.0517	0.0479	0.0470
B3	单位面积水利用地灌溉面积	0.0927	0.0921	0.0000	0.0080	0.0330
B4	单位面积水利用地供水人口	0.0726	0.0073	0.0435	0.0726	0.0380
C1	单位蓄水量耕地经济价值损失	0.0971	0.0968	0.0666	0.0289	0.0286
C2	单位蓄水量耕地社会价值损失	0.0648	0.0648	0.0446	0.0155	0.0217
C3	单位蓄水量耕地生态价值损失	0.0777	0.0777	0.0549	0.0235	0.0333
合计		1.0000	0.7531	0.5524	0.3832	0.3936

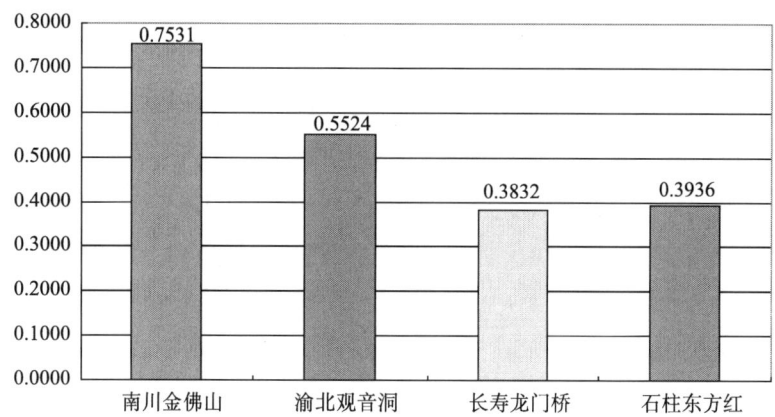

图 8-1 集约度分值表

8.1.6 小结和讨论

从综合指标排序结果可以看出，南川金佛山水利工程集约利用度最高（0.7531），接近高效利用，主要表现在其集约用地结构和集约用地效益方面、耕地价值损失方面（见表 8-12）。其单位蓄水量淹没土地面积、淹没耕地面积均属最低值，说明其坝址选取位置合理；水库淹没经济指标适度，其供水灌溉效益也表现明显，单位水利用地灌溉面积、供水人口、蓄水量均表现优异，说明该水利工程功能定位合理，以农业灌溉和农村人畜饮水为主的水库功能提升了其土地集约利用的效益；其单位蓄水量淹没的耕地价值损失值也最低，其单位蓄水量淹没耕地经济价值损失值 1.23 万元/万立方米，是四个水库经济损失值最低；单位蓄水量淹没耕地社会价值损失值 0.62 万元/万立方米，生态价值损失值 0.91 万元/万立方米，均属四个水库工程最低值，说明其淹没耕地量较小，相应地价值损失值也较低。相反，以工业供水和城市供水为主的渝北观音洞、长寿龙门桥水利工程在效益方面表现较差，其供水结构、水库功能还需进一步优化配置。

石柱东方红、长寿龙门桥的集约度分值分别为 0.3936、0.3832，属粗放利用，主要反映在集约用地结构、耕地价值损失方面。其单位蓄水量淹没土地面积、淹没耕地面积得分值均较低，即每蓄万立方米库容所需的土地面积、耕地面积比较大，其工程集约用地度低。其经济价值损失值、社会价值损失值和生态价值损失值都较高，每万立方米水库蓄水量淹没耕地经济价值损失值达到 4.17 万元，反映出其淹没耕地的经济代价很高；每万立方米水库蓄水量淹没耕地社会价值损失值达到 2.60 万元，反映出单位耕地社会保障价值、社会稳定价值较高；每万立方米水库蓄水量淹没耕地生态价值损失达 3.01 万元，是南川金佛山水利工程价值损失的 3 倍多。

第8章 大中型水利工程建设背景下耕地保护策略 I——建立耕地价值损失防控体系

表 8-12　各水库工程指标标准化结果

指标代码	指标名称	南川金佛山水利工程 现状值	南川金佛山水利工程 目标值	南川金佛山水利工程 得分	渝北观音洞水利工程 现状值	渝北观音洞水利工程 目标值	渝北观音洞水利工程 得分	长寿龙门桥水利工程 现状值	长寿龙门桥水利工程 目标值	长寿龙门桥水利工程 得分	石柱东方红水利工程 现状值	石柱东方红水利工程 目标值	石柱东方红水利工程 得分
A1	单位蓄水量（万立方米）淹没土地总面积	0.0249	0.0200	0.8024	0.0606	0.0200	0.3299	0.0654	0.0200	0.3057	0.0667	0.0200	0.2997
A2	单位蓄水量（万立方米）淹没耕地面积	0.0137	0.0100	0.7289	0.0245	0.0100	0.4075	0.0424	0.0100	0.2360	0.0326	0.0100	0.3067
A3	单位蓄水量（万立方米）临时占用土地面积	0.0085	0.0050	0.5853	0.0004	0.0050	1.0000	0.0198	0.0050	0.2523	0.0172	0.0050	0.2909
A4	临时用地复垦率	80	100	0.8	70	100	0.7	70	100	0.7	90	100	0.9
B1	单位面积水利用地固定资产投资额	788.49	264.37	0.3353	264.37	264.37	1.0000	390.11	264.37	0.6777	466.51	264.37	0.5667
B2	单位面积水利用地蓄水量	40.12	45.00	0.89	16.50	45.00	0.37	15.29	45.00	0.34	14.99	45.00	0.33
B3	单位面积水利用地灌溉面积	79.56	80.00	0.99		80.00	0.00	6.93	80.00	0.09	28.49	80.00	0.36
B4	单位面积水利用地供水人口	117	1163	0.10	698	1163	0.60	1163	1163	1.00	608	1163	0.52
C1	单位蓄水量（万立方米）耕地经济价值损失	1.23	1.23	1.00	1.79	1.23	0.69	4.13	1.23	0.30	4.17	1.23	0.29
C2	单位蓄水量（万立方米）耕地社会价值损失	0.62	0.62	1.00	0.90	0.62	0.69	2.60	0.62	0.24	1.85	0.62	0.33
C3	单位蓄水量（万立方米）耕地生态价值损失	0.91	0.91	1.00	1.29	0.91	0.71	3.01	0.91	0.30	2.12	0.91	0.43

8.2 水利间接用地集约评价

8.2.1 构建评价指标体系

根据水利工程间接用地的性质,构建水利工程间接用地集约评价的指标体系及其含义见表 8-13。

表 8-13　　　　水利建设用地集约评价指标体系

目标层	准则层	指标层
水利工程间接用地集约评价综合指数	移民迁建用地（P1）	X1：单位蓄水量（1 000 万立方米）淹没搬迁人口 X2：搬迁淹没集镇个数 X3：单位蓄水量（1 000 万立方米）移民迁建用地规模
	移民专项用地（P2）	X4：单位蓄水量（1 000 万立方米）复建公路长度 X5：单位蓄水量（1 000 万立方米）复建线路长度 X6：淹没电站个数
	工矿企业用地（P3）	X7：淹没企业个数
	淹没影响用地（P4）	X8：单位蓄水量（1 000 万立方米）孤岛影响区面积 X9：单位蓄水量（1 000 万立方米）交通不便难以利用土地面积 X10：库周地块破碎度

(1) 单位蓄水量（1 000 万立方米）淹没搬迁人口（X1）：是搬迁人口与总库容的比值,以 1 000 万立方米为单位。

(2) 搬迁淹没集镇个数（X2）：搬迁淹没集镇的个数。

(3) 单位蓄水量（1 000 万立方米）移民迁建用地规模（X3）：迁建用地规模与总库容的比值,以 1 000 万立方米为单位。

(4) 单位蓄水量 (1 000 万立方米) 复建公路长度 (X4): 复建公路长度与总库容的比值, 以 1 000 万立方米为单位。

(5) 单位蓄水量 (1 000 万立方米) 复建线路长度 (X5): 复建线路长度与总库容的比值, 以 1 000 万立方米为单位。

(6) 淹没电站个数 (X6): 淹没搬迁电站的个数。

(7) 淹没企业个数 (X7): 淹没搬迁企业的个数。

(8) 单位蓄水量 (1 000 万立方米) 孤岛影响区面积 (X8): 孤岛影响区面积与总库容的比值, 以 1 000 万立方米为单位。

(9) 单位蓄水量 (1 000 万立方米) 交通不便区面积 (X9): 交通不便难以利用区面积与总库容的比值, 以 1 000 万立方米为单位。

(10) 库周地块破碎度 (×10): 水库切割地块占总地块的比值。

8.2.2 指标标准化

利用南川金佛山、渝北观音洞、长寿龙门桥和石柱东方红水利工程可行性研究及初步设计报告, 利用调查数据和淹没影响占地指标, 按其蓄水量, 分析单位蓄水量淹没影响指标 (见表 8-14)。

各指标分值按 0~0.2、0.2~0.4、0.4~0.6、0.6~0.8、0.8~1.0 进行标准化确定, 各指标的分值依据现行规范和经验取值。再依据其现状值, 分析其得分值。

$$Xi = ti + \frac{ai - ti}{tj - ti} \times (tj - ti) \quad (8-1)$$

式中: Xi——标准化分值; ti——该区间低限值; ai——现状值; tj——该区间高限值。

具体各指标的分值和标准化分值见表 8-15。

表 8-14　各水利工程淹没指标现状值和单位指标值

目标层	准则层	指标层	淹没影响指标				单位指标（1000万立方米）			
			南川金佛山	渝北观音洞	长寿龙门桥	石柱东方红	南川金佛山	渝北观音洞	长寿龙门桥	石柱东方红
水利工程淹没指标集约评价综合指标体系	移民迁建用地	1. 单位蓄水量（1000万立方米）淹没搬迁人口	3501	861	824	618	350	176	733	583
		2. 撤迁淹没集镇个数	1.00				1.00	0.00	0.00	0.00
		3. 单位蓄水量（1000万立方米）移民迁建用地规模	27.93	5.166	4.884	3.708	2.79	1.05	4.40	3.50
	移民专项用地	4. 单位蓄水量（1000万立方米）复建公路长度	11.00	16.20	4.00	9.10	1.10	3.31	3.60	8.58
		5. 单位蓄水量（1000万立方米）复建线路长度	110.00	20.00	8.00	21.70	11.00	4.08	7.21	20.47
	工矿企业用地	6. 淹没电站个数	2.00	0.00			2.00	0.00	0.00	0.00
		7. 淹没企业个数	5.00				5.00	0.00	0.00	0.00
	淹没影响用地	8. 单位蓄水量（1000万立方米）孤岛影响区面积	2.40				0.24	0.00	0.00	0.00
		9. 单位蓄水量（1000万立方米）交通不便难以利用土地面积	12.61	9.68	1.33	3.00	1.26	1.98	1.20	2.83
		10. 库周地块破碎度	0.40	0.36	0.28	0.35	0.24	0.26	0.18	0.25

第8章 大中型水利工程建设背景下耕地保护策略Ⅰ——建立耕地价值损失防控体系

表8-15 各指标标准化分值和现状得分值

目标层	准则层	指标层	标准化分值					各工程得分值					
			0.8~1.0	0.6~0.8	0.4~0.6	0.2~0.4	0~0.2	南川金佛山	渝北观音洞	长寿龙门桥	石柱东方红		
水利工程间接用地集约评价综合指数	移民迁建用地	1 单位蓄水量（1 000万立方米）淹没迁移人口	0~100	100~200	200~500	500~1 000	>1 000	0.5	0.65	0.31	0.37		
		2 搬迁淹没集镇个数	0	1	2	3	>3	0.8	1	1	1		
		3 单位蓄水量（1 000万立方米）移民迁建用地规模	0~1	1~2	2~3	3~5	>5	0.44	0.79	0.31	0.35		
	移民专项用地	4 单位蓄水量（1 000万立方米）复建公路长度	0~1	1~3	3~6	6~10	>10	0.79	0.58	0.56	0.27		
		5 单位蓄水量（1 000万立方米）复建线路长度	0~3	3~6	6~10	10~20	>20	0.38	0.73	0.54	0.19		
	工矿企业用地	6 淹没电站个数	0	1	2	3	>3	0.40	1.00	1.00	1.00		
		7 淹没企业个数	0	1	2	3	>3	0.20	1.00	1.00	1.00		
	淹没影响用地	8 单位蓄水量（1 000万立方米）孤岛影响区面积	0	0~0.2	0.2~0.4	0.4~1	>1	0.44	1.00	1.00	1.00		
		9 单位蓄水量（1 000万立方米）交通不便难以利用土地面积	0~1	1~2	2~3	3~4	>4	0.75	0.60	0.76	0.43		
		10 耕周地地块破碎度	0~0.1	0.1~0.2	0.2~0.3	0.3~0.4	>0.4	0.52	0.48	0.64	0.50		

8.2.3 确定权重

(1) 准则层

集约度评价准则层进行评价,利用 DPS 软件,WP1 = 0.3769,WP2 = 0.2887,WP3 = 0.0773,WP4 = 0.2571(见表 8-16)。

表 8-16　　　　　准则层权重计算

准则层	P1	P2	P3	P4
P1	1.00	1.25	5.00	1.50
P2	0.80	1.00	4.00	1.00
P3	0.20	0.25	1.00	0.33
P4	0.67	1.00	3.00	1.00

(2) 指标层

集约度评价指标层进行评价,利用 DPS 软件,WX1 = 0.4,WX2 = 0.2,WX3 = 0.4(见表 8-17)。

表 8-17　　　　　指标层权重计算(1)

指标层	X1	X2	X3
X1	1.00	2.00	1.00
X2	0.50	1.00	0.50
X3	1.00	2.00	1.00

集约度评价指标层进行评价,利用 DPS 软件,WX4 = 0.6448,WX5 = 0.1221,WX6 = 0.2291(见表 8-18)。

表 8-18　　　　　　　　指标层权重计算（2）

指标层	X4	X5	X6
X4	1.00	5.00	3.00
X5	0.20	1.00	0.50
X6	0.33	2.00	1.00

集约度评价指标层进行评价，利用 DPS 软件，$WX8=0.25$，$WX9=0.50$，$WX10=0.25$（见表 8-19）。

表 8-19　　　　　　　　指标层权重计算（3）

指标层	X8	X9	X10
X8	1.00	0.5	1.0
X9	2.00	1.0	2.0
X10	1.00	0.5	1.0

根据上述准则层、指标层权重值计算，各指标的权重值计算结果见表 8-20。

表 8-20　　　　　　　　层次总排序

指标	P_1	P_2	P_3	P_4	总排序权重
	0.3769	0.2887	0.0773	0.2571	Wi
X1	0.4000				0.1508
X2	0.2000				0.0754
X3	0.4000				0.1508
X4		0.6488			0.1873
X5		0.1221			0.0353
X6		0.2291			0.0661
X7			1.0000		0.0773
X8				0.2500	0.0643

续表

指标	P_1	P_2	P_3	P_4	总排序权重 W_i
	0.3769	0.2887	0.0773	0.2571	
X9				0.5000	0.1286
X10				0.2500	0.0643
合计					1.0000

8.2.4 综合评价方法

对水利建设用地集约度评价宜采用定量分析方法进行评判，而目前应用较为广泛的是AHP层次分析法＋综合指数法，即首先用AHP层次分析法建立评价指标体系，确定各指标值权重，然后根据综合指数法对各指标进行加权统计得分，最后得出该评价结果的综合得分，根据划定的范围对其结果进行评价。

综合指数法将各项指标转化为同度量的个体指数，对各项指标个体指数进行加权平均，计算综合得分值，用以评价该规划的完成情况。综合指数值越大，则土地集约度越好。

$$F_i = \sum_{j=1}^{n} \lambda_{ik} \times W_j \qquad F = \sum_{i=1}^{n} F_i \times W_i$$

式中，F_i——各指标状态层数值，W_j——指标状态层的权重。

将水利建设用地集约度划分为四个区间。

(1) 高效利用：综合指标分值 $\geqslant 0.8$；

(2) 中度利用：$0.6 \leqslant$ 综合指标分值 < 0.8；

(3) 低效利用：$0.4 \leqslant$ 综合指标分值 < 0.6；

(4) 粗放利用：综合指标分值 < 0.4。

8.2.5 评价结果

从各水利工程间接永久占地的集约度排序可以看出，渝北观音洞水利工程集约度分值最高，为 0.7427，接近高效利用；第二是长寿龙门桥水利工程，集约度是 0.6388，属中度利用；南川金佛山水利工程的集约度分值为 0.5635，属低效利用；石柱东方红水利工程土地集约度分值为 0.5365，属低效利用。

从综合指标可以看出，渝北观音洞水利工程集约度分值最高，主要反映在关键指标值较高。观音洞水利工程单位蓄水量淹没搬迁人口最低，每 1 000 万立方米库容淹没搬迁人口仅为 176 人，淹没损失指标值最低；其次是单位蓄水量迁建用地规模最低，仅为 1.05 公顷无淹没集镇、电站和工矿企业。

长寿龙门桥水利工程集约度分值次之。因为该工程淹没不涉及集镇，无电站和大型工矿企业，不涉及孤岛影响区面积，涉及难以利用的面积也较低，地块破碎度指标最低。因此，其间接用地综合指标分值 0.6388。

南川金佛山水利工程集约度排名第三，为 0.5635。其单位淹没人口、复建公路长度均属优越，但其淹没量较大，淹没头渡集镇 1 座需搬迁复建，复建的线路长度达 11km，淹没电站 2 座，搬迁工矿企业 5 座，且蓄水后造成的孤岛影响区和难以利用的土地面积较大，造成库周地块破碎度较大，因此其间接用地属低效利用。

排名末位的是石柱东方红水利工程，间接用地集约度分值 0.5365。主要表现在其单位搬迁人口、单位公路复建长度、单位复建线路长度指标不经济，尽管其不涉及集镇、电站和工矿企业，但主要指标值过于不经济,淹没搬迁影响人口较多,迁建用地规模较大,复建公路长度较长,造成了其间接用地不集约的后果。

相关资料见图 8-2。

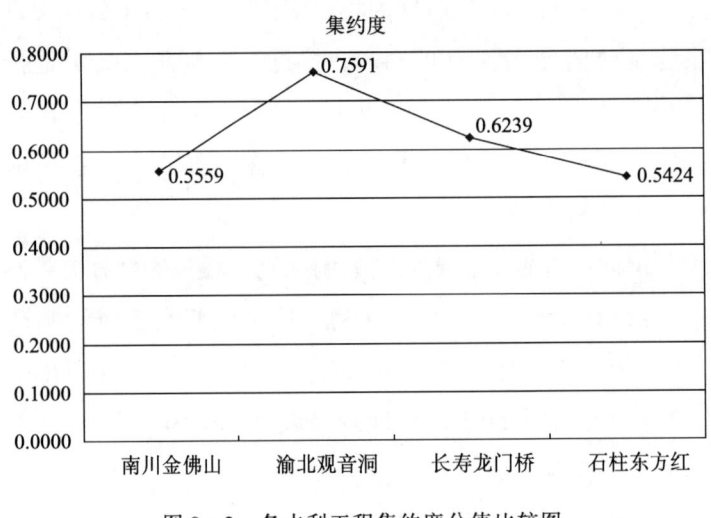

图 8-2　各水利工程集约度分值比较图

8.2.6　小结和讨论

从集约度分值排序来看,搬迁人口、移民安置用地规模、专项设施复建用地规模和难以利用的土地面积是较为重要的四个指标,其指标权重值分别为 0.1508、0.1508、0.1873、0.1286。反映出单位蓄水量搬迁人口值越大,进而导致移民安置用地规模越大,其用地越不集约。

专项设施尤其是公路复建长度值越大,其专项设施占地则越大,其用地越不集约。而这又与移民安置的原则相违背,水库蓄水后造成的交通隔断需要恢复功能和恢复道路等级,需要进行道路的连通和改建,因此其公路复建长度越大，对库周移民来讲越便利，但在用地方面却显得不集约。因此合理的规划公路复建网，既可节省工程投资，也可实现土地资源的永续利用。

另外，可通过提高水库蓄水规模，增加供水量，可分摊单位蓄水量间接用地的规模，将其变成经济可行，恰如观音洞水库的淹没损失指标，一个蓄水量接近 5 000 万方的水库工程与 1 000 万方的龙门桥、东方红水库工程淹没指标相近，所以其单位淹没指标最为经济，其移民安置用地指标最为节约（见表 8-21）。

8.3 水利工程建设节约集约用地技术方法

8.3.1 规划立项阶段

水利工程在规划立项阶段的首要任务是解决其必要性和充分性的问题。必要性是指其水利工程建设是否有必要，是否满足地区经济社会发展的要求，与当地的国民经济与社会发展总体规划是否协调一致，是否具备紧迫性和必要性。充分性是指选择的水利工程位置来水量充足、坝址选址地质稳定，无不良地质现象，工程无制约性因素。

因此，水利工程建设节约集约用地从规划立项阶段就已开始。规划科学合理与否，直接决定了水利工程建设的用地规模、难度和土地占用情况，坝址的初步选择也决定了其水库淹没损失情况和后靠安置资源容量情况。这一阶段，应立足扎实的调查研究和科学的分析论证，充分分

表8-21　各水利工程间接永久占地集约度分值表

目标层	准则层	指标层	总排序权重 Wi	各工程得分值 南川 金佛山	渝北 观音洞	长寿 龙门桥	石柱东方红
水利工程间接用地集约评价综合指数	移民迁建用地	1. 单位蓄水量（1 000 万立方米）淹没搬迁人口	0.1508	0.0814	0.1170	0.0523	0.0477
		2. 搬迁淹没集镇个数	0.0754	0.0603	0.0754	0.0754	0.0754
		3. 单位蓄水量（1 000 万立方米）移民迁建用地规模	0.1508	0.0883	0.1206	0.0567	0.0513
	移民专项用地	4. 单位蓄水量（1 000 万立方米）复建公路长度	0.1873	0.1461	0.0918	0.0974	0.0616
		5. 单位蓄水量（1 000 万立方米）复建线路长度	0.0353	0.0078	0.0237	0.0162	0.0067
		6. 淹没电站个数	0.0661	0.0265	0.0661	0.0661	0.0661
	工矿企业用地	7. 淹没企业个数	0.0773	0.0155	0.0773	0.0773	0.0773
	淹没影响用地	8. 单位蓄水量（1 000 万立方米）孤岛影响区面积	0.0643	0.0283	0.0643	0.0643	0.0643
		9. 单位蓄水量（1 000 万立方米）交通不便难以利用土地面积	0.1286	0.0838	0.1023	0.0823	0.0728
		10. 库周地块破碎度	0.0643	0.0180	0.0206	0.0360	0.0193
		合计	1.0000	0.5559	0.7591	0.6239	0.5424

析该项目建设的必要性，提高项目决策的科学性、合理性，避免重复建设，浪费土地资源；避免超前扩大建设规模，造成土地资源的浪费。本研究分析可能影响工程规模的主要参数。

（1）供水保证率。供水保证率反映了城市供水的安全性，一般重大城市供水保证率在97%以上，一般中小型城市供水保证率在90%以上，供水保证率规模越大，供水工程投资就越大，相应的水库工程规模蓄水量就越大，其占用的土地面积也就越大，合理选择供水保证率是规划立项阶段重要的参数值。

（2）生活用水定额。生活用水采用人均日用水量方法进行分析和计算，应根据经济社会发展水平、人均收入水平、水价水平、节水水平，结合生活用水习惯和现状用水水平，参照城市制定的用水标准，结合各水平年生活用水定额、水利用系数，预测生活用水量。如人均生活用水定额越高，其规划的城市供水量就越大，相应的供水工程就越大，与水利工程占地呈正相关。

（3）灌溉需水量。根据作物种植面积、灌溉定额，确定灌溉需水量。影响需水量的重要参数是灌溉面积和灌溉定额，均与水利工程建设占用土地呈正相关性，即灌溉面积愈大，灌溉定额值越高，其需水量越大，则该水利工程确定的规模越大，占用的土地面积越多。

水资源配置应结合规划水平年城市发展情况，按照耕地种植作物需水量、城市人口生活用水需水量和工业用水的需水量进行合理配置，根据合理的需求配套水利工程，合理确定该水利工程总库容的大小，确定年供水量的大小。如全部采用定额高限值，严重扩大用水规模，则与经济发展实际不相符，水利工程的建设用地不集约。如过小，则不能满足规划水平年的用水需求，采用扩建或新建水利工程的方式会造成投资重复，资源浪费，更加浪费土地资源。因此，各参数合理值的确定是十分重要的。

8.3.2 工程设计阶段

8.3.2.1 坝址选择比较

在工程建设前期规划选址阶段,坝址的选择十分重要。在前期的坝址选择应进行同精度多方案比较,并将淹没耕地(基本农田)作为重要指标进行比较,优先选择占地少,尤其是占用耕地少的坝址作为推荐坝址,开展前期勘测设计工作。

以长寿区龙门桥水利工程选址为例,最初推荐的坝址是下坝址,它的优点是集雨面积大,汇聚了两条沟的集雨面积,可以保证来水量。但缺点是淹没面积较大,尤其是耕地面积比重过大。但为了确保工程规模达到中型水库规模(总库容>1 000 万立方米),似乎下坝址成为唯一坝址选择。上坝址建坝条件、地质条件均符合,但集雨面积、来水量是其重大缺陷。为了确保规模不变,减少右岸支沟的大面积淹没,通过修建梅子沟、苦竹沟借水工程,借水面积 7.0 km²,通过借水隧洞引入上坝址库容,实现其中型水库规模的目标。通过借水工程和借水隧洞的引入,将原来右岸拟淹没耕地 20 公顷的库区减少至 2 公顷的借水工程,淹没耕地面积得到极大优化减少,在坝址优化选择上是比较成功的一个案例。

8.3.2.2 水位选择

正常蓄水位的选择也尤为重要,在地势较为平缓的地区,上、下 1 米的水位差别往往是成百上千亩耕地的淹没,需考虑需水量和经济效益评价,综合确定正常蓄水位,在满足灌溉用水和人饮的前提下,尽量选择低的正常蓄水位,从而减少水库淹没损失。

以重庆大足区某水利工程为例,选取 285 米、285.5 米、286 米三个水位进行比较,其库容从 285 米变为 285.5 米时,其总库容仅增加 129 万立方米,但却增加 38.3 公顷耕地被淹没,其正常蓄水位的确定尤为重要。在满足目标需水量的前提下,尽可能选择低的正常蓄水位,对于保护耕地尤为重要(见表 8-22)。

表 8-22　　　　重庆大足区某水利工程正常蓄水位比较表

项　　目	单　　位	正常蓄水位方案		
		285.00 米	285.50 米	286.00 米
1. 水库特性				
死水位	米	280.00	280.00	280.00
死库容	万立方米	123	123	123
正常蓄水位库容	万立方米	829	958	1 100
调节库容	万立方米	706	835	977
库容系数		0.31	0.37	0.43
2. 工程效益				
灌溉供水多年平均毛需水量	万立方米	1 455.8	1 455.8	1 455.8
小型水利设施多年平均供水量	万立方米	120.4	120.4	120.4
水库多年平均可供水量	万立方米	1 262.6	1 280.8	1 294.1
灌溉供水多年平均缺水量	万立方米	72.8	54.6	41.3
水库弃水量	万立方米	665.7	644.1	627.1
农业灌溉破坏年份	年	12	8	4
农业灌溉保证率	%	66.7	76.9	85.0
城镇供水破坏月份	月	25	18	13
城镇供水保证率	%	94.3	95.8	96.9
水量利用率	%	70.4	71.4	72.1

续表

项 目	单 位	正常蓄水位方案		
		285.00 米	285.50 米	286.00 米
3. 水库淹没				
迁移人口	人	1 185	1 484	1 671
淹没耕地	亩	4 339	4 914	5 509
4. 工程投资				
工程总投资	万元	37 498	41 982	46 180
其中：枢纽工程投资	万元	3 112	3 141	3 187
淹没补偿投资	万元	34 386	38 841	42 993
5. 主要指标比较				
增加库容	万立方米		129	142
增加投资	万元		4 484	4 198
增加淹没投资	万元		4 455	4 152

8.3.2.3　坝型选择

根据《水利水电工程建设用地设计标准》，水库枢纽大坝坝型主要包括土石坝、重力坝和拱坝等，其工程建筑物用地指标由大坝和非独立的溢洪道、输水道、电站厂房等各类建筑物用地组成。大坝按坝高分为60m 以下、60～150m、150m 以上三级，枢纽建筑物用地指标为坝长（m）乘以相应的用地系数，用地系数根据下表 8 - 23 确定。

表 8 - 23　　　　　水库枢纽用地系数　　　　　单位：hm^2/m

坝高	>150m			150～60m			<60m		
用地系数	低值	中值	高值	低值	中值	高值	低值	中值	高值
	0.3	0.55	0.85	0.12	0.25	0.4	0.04	0.1	0.16

参照《水利水电工程建设用地设计标准》,按坝高确定单位枢纽用地系数,计算得到各工程的理论占地面积,将理论占地与实际占地相减,得到节约用地面积,用节约用地面积与理论占地面积的比值,计算得到节约用地系数。通过节约用地系数可以发现,石柱东方红水利工程用地最为节约,节约用地系数0.49;南川金佛山水利工程次之,为0.34;长寿龙门桥水利工程、渝北观音洞水利工程分别为0.20、0.18;通过节约用地系数的排序可以得出,采用重力坝坝型的水利工程枢纽占地面积较少,结构更为优化;采用土石坝(面板堆石坝)和沥青心墙坝占地面积较大,占用损失更大(见表8-24)。

表8-24　　　　南川金佛山等4个水利枢纽用地面积　　　　单位:hm²

工程	坝高	坝顶长度	单位坝长占地	理论占地	实际占地	节约用地	节约用地系数
南川金佛山水利工程	108.8	320	0.25	80.00	52.67	27.33	0.34
渝北观音洞水利工程	61.0	241	0.12	28.92	23.67	5.25	0.18
长寿龙门桥水利工程	43.3	228	0.10	22.80	18.33	4.47	0.20
石柱东方红水利工程	57.6	162	0.10	16.20	8.33	7.87	0.49

如果上述四个水利工程还不足以反映坝型占地大小情况,增加4个中型水库工程进行占地面积比较,通过选取重庆市境内8个大中型水利工程进行比较。从表8-25可以看出,面板堆石坝平均占地宽度32.82公顷,沥青混凝土心墙坝占地23.67公顷,占地面积次之,混凝土重力坝平均占地宽度7.2公顷,重力坝占地较面板堆石坝坝型占地平均减少25.6公顷。

因此,在建坝材料满足的前提下,尽量选择占地量较少的坝型(如重力坝),而对于占地量较大的坝型(如土石坝、面板堆石坝)尽

表 8-25　　重庆大中型水利工程坝型占地表　　　　单位：hm²

序号	名称	面板堆石坝	混凝土重力坝	沥青芯墙坝
1	江津鹅公水库工程	27.47		
2	潼南大石桥水库工程		7.47	
3	南川金佛山水库工程	52.67		
4	长寿龙门桥水库工程	18.33		
5	渝北观音洞水库工程			23.67
6	忠县金鸡水库工程		5.07	
7	石柱东方红水库工程		8.33	
8	万盛青山湖水库工程		8.00	

量慎用，确需使用需进行经济技术方案比较论证。

此外，在枢纽用地范围内各建筑物需进行优化布置。在溢洪道布置上，满足安全的前提下可实现坝顶溢流，勿单独另设溢洪道，增加占地面积。在闸门选择上，为降低洪水回水，增加过流能力，宜多设置闸门，确保坝前洪水位降低，减少淹没影响占地。

8.3.2.4　渠线选择

灌溉供水工程也是大中型水利工程主体工程的一部分，由于其属线型占地，平均占地宽度较小，往往容易被研究者所忽略。灌溉渠道占地由渠道、渠系建筑物等用地组成。灌溉渠道按流量分 $300 \sim 100 \mathrm{m}^3/\mathrm{s}$、$100 \sim 50 \mathrm{m}^3/\mathrm{s}$、$50 \sim 20 \mathrm{m}^3/\mathrm{s}$、$20 \sim 5 \mathrm{m}^3/\mathrm{s}$、$5 \sim 1 \mathrm{m}^3/\mathrm{s}$ 五个等级。根据《水利水电工程建设用地设计标准》渠道用地指标计算，以全填方渠道和全挖方渠道计算上下限值。全挖方渠道按设计水深加超高与自然地面平的理想状态计算，全填方渠道按渠底与自然地面平的理想状态计算，渠道用地指标按表 8-26 控制。

表 8-26　　　　　　　　挖方、填方渠道用地指标表　　　　　　　单位：hm²/km

类型	流量	上下限	边坡								
			1:1	1:1.25	1:1.5	1:1.75	1:2	1:2.25	1:2.5	1:2.75	1:3
挖方渠道用地指标	5>Q>1	上限	0.946	1.067	1.185	1.300	1.411	1.519	1.626	1.728	1.826
		下限	0.297	0.337	0.378	0.418	0.456	0.494	0.533	0.569	0.604
填方渠道用地指标		上限	1.671	1.951	2.217	2.469	2.710	2.939	3.166	3.378	3.584
		下限	0.532	0.622	0.713	0.799	0.881	0.960	1.042	1.116	1.189

参照《水利水电工程建设用地设计标准》，根据明渠长度、挖填方渠道比例、平均边坡值，得到各水利工程理论占地值，与实际占地值相比较，得到节约占地值，从而计算得到节约用地系数。通过用地系数排序，渠道用地节约度最高是长寿龙门桥水利工程，节约用地 4.63 公顷，系数 0.38；其次是石柱东方红水利工程，节约用地 5.53 公顷，系数 0.17；最后是南川金佛山水利工程，节约用地系数仅为 0.02（见表 8-27）。

表 8-27　　　　　南川金佛山等 4 个水利枢纽渠道用地面积　　　　　单位：hm²

工程名称	明渠长度	挖填比例	平均边坡	单位用地	理论占地	实际占地	节约用地	节约用地系数
南川金佛山水利工程	81.61	7:3	1:2	0.9797	79.95	78.00	1.95	0.02
渝北观音洞水利工程	管道占地							
长寿龙门桥水利工程	23	7:3	1:1.75	0.5323	12.24	7.61	4.63	0.38
石柱东方红水利工程	60	7:3	1:1.75	0.5323	31.94	26.41	5.53	0.17

备注：南川金佛山水利工程是大型工程，渠首流量>5m/s，且其地形条件复杂，平均边坡按 1:2 考虑；渝北观音洞水利工程由于是地埋式管道占地，无永久占地。

然而灌溉供水工程其渠线较长，总体占地面积较大。为优化减少占地，应尽可能选择供水管道（埋管），而避免选择明渠占地，从工程投资规模角度来看，管道工程将会增加灌溉供水工程的投资成本，但从减少建设征地、保护耕地、维护社会稳定的角度，管道工程输水是较优选择。以丰都县梨子坪中型水库工程为例，在可研阶段设计采用的是明渠输水，初步设计阶段为减少征地面积，全部设计为埋管输水，采用临时占地，其总长度为52km，按平均占地宽度5m（含管理范围）进行征收，需占用26公顷土地。通过初步设计阶段优化，节省永久占地26公顷。

8.3.2.5 增加渡槽、隧洞比例

在措施选择上，应增加渡槽、隧洞、倒虹吸等工程措施的比例，这些工程均避免多占用耕地，类似于公路工程建设中常采用的高架桥、隧洞等措施。在供水水质较低的情况下，可利用已有河道进行水量运输。如金佛山水利工程的沿塘干渠，利用已成河道将水从南坪干渠输送到沿塘干渠，既节省工程投资，也节省沿线渠道占地，通过借用河道，减少10km明渠占地，优化节省占地面积10公顷。金佛山水利工程在灌溉供水工程占地上多处实施优化设计，通过增加隧洞、渡槽的比例，减少明渠占地。垫江龙滩水利工程利用河道替代渠道输送，再利用泵站提水，在灌区进行合理布置。既节省了中间段明渠的永久占地和临时占地，也节省了该段工程投资（见表8-28）。

表8-28　　　　　　　　渠道工程量表　　　　　　　　单位：km

序号	工程名称	明渠长度	管道长度	隧洞、倒虹吸和渡槽
1	南川金佛山水库工程	63		35.0
2	长寿龙门桥水库工程	23		2.0
3	渝北观音洞水库工程		30	
4	石柱东方红水库工程	60		8.2

8.3.2.6 优化移民迁建占地

居民点的用地规模受搬迁人口的多少与人均用地规模的大小影响决定。搬迁人口数量的多少、人均用地规模的大小均与居民点用地规模呈正比，即搬迁人口数量越多，人均用地规模越大，其居民点用地规模越大。

依据《镇规划标准》，人均建设用地分为四级，其幅度范围为人均 $60\sim140\text{m}^2$（见表8-29）。

表8-29　　　　　　　　人均建设用地指标分级表

级别	一	二	三	四
人均建设用地指标（m^2/人）	>60 ≤80	>80 ≤100	>100 ≤120	>120 ≤140

移民居民点新址应布设在居民迁移线以上和浸没、滑坡、塌岸等地段以外的安全地带。防洪库容设置在正常蓄水位以上的水库，移民居民点一般应设置在防洪高水位以上。应避开山洪、风口、滑坡、泥石流、洪水淹没、地震断裂带等自然灾害的地段，并应避开自然保护区、地下采空区和有开采价值的地下资源区域。居民点选择应和生产条件、地形地质、水源、交通条件相结合，宜选在水源充足、水质良好、便于排水、通风向阳和地质条件适宜的地段，做到合理布局，方便移民生产生活。居民点的建设应从以下几方面进行节约集约占地：

（1）减少搬迁人口，减少用地规模；搬迁人口数量的多少是决定居民点用地规模的首要因素。因此，从减少搬迁人口、减少搬迁移民方面，水利工程的选址应选择淹没居民点较少的区域，淹没人口越少，移民迁建规模越小，其用地则越集约。

（2）集中居民点应尽量避免占用耕地；集中居民点的选址应选择

在地势平缓、占用耕地较少的区域，尽量减少占用耕地的数量，保护耕地。

（3）避免淹没集镇，减少集镇迁建规模；集镇的人均用地标准大于非集镇的人均用地标准，而且集镇具有公共设施用地、道路广场用地、对外交通用地等，集镇用地规模始终大于后靠居民点建设规模，因此避免淹没集镇，尽量选择非集镇区域作为水利工程坝址选择区域。

（4）居民点布局相对集中，减少分散后靠安置用地；各居民点的规划布局大体上分为三种：集团式、卫星式和自由式。集中式的居民点建设布局紧凑，用地经济，施工方便，有利于基础设施建设和目前倡导的新农村建设，使居民由分散走向集中，是占地最为经济的一种。卫星式是小集中、大分散的一种安置方式，是分散型向集中型布局的一种过渡形式，其较集团式占地大，但比自由式占地要集约；占地量最大的仍然是后靠分散的自由式占地，由移民自主选择宅基地自主建设，分散后靠的居民点规模大于卫星式、集中式用地规模。

（5）尽量结合新农村建设、小城镇建设进行布置，减少新址建设用地。利用已成的新农村建设点、新集镇建设来安置受淹没移民，避免重新选择安置点，让土地资源被浪费。目前各地正在开展新农村建设，将原分散居民点趋向集中，部分居民点建设规模留有余地，可利用已成的居民点规模容纳部分移民，减少新址选择。

8.3.2.7　优化专业项目复建占地

通过表 8-30 可以看出，南川金佛山水利工程等 4 个专项设施复建用地规模占总用地规模的比例为 4.85%～10.35%，其用地比重也不小，占水利工程建设用地较大的用地比重。其中，最常见、最主要的是复建公路用地，基本上每个水利工程都会造成原来的交通阻断，水利工程建设如水库淹没、大坝枢纽占地等,打乱了建设区域原有的交通运输网络,使公路发生中断,影响区域经济的发展和周围居民点的生产生活,也会使位于河谷川地的道路交通中断,河道水运发生根本性变化,产生新的交通网络恢复需要。新的交通复建占地又需要占用新的建设用地,因此在实施中要尽量控制公路建设用地规模,减少公路占地。

表 8-30　　专项公路占地规模表

工程	总用地规模（hm^2）	专项设施占地规模（hm^2）	专项设施占地比例%	复建规模
南川金佛山水利工程	428.00	23.33	5.45	复建三级公路10km,四级公路1km,复建电站2座
渝北观音洞水利工程	322.67	21.06	6.53	复建四级公路16.2km
长寿龙门桥水利工程	99.07	4.80	4.85	复建四级公路4.0km
石柱东方红水利工程	105.47	10.92	10.35	复建四级公路9.1km

根据《公路工程技术标准》（JTGB01-2003）,我国公路工程车道用地技术标准见表 8-31。

表 8-31　　车道占地规模表

设计速度（km/h）	120	100	80	60	40	30	20
车道宽度（m）	3.75	3.75	3.75	3.50	3.50	3.25	3.00

减少公路用地规模可从以下几方面:

（1）公路复建,应遵循"原规模、原标准、恢复原功能"的三原原则,进行规划设计,在恢复公路复建功能的同时须保证公路复建不超标准。根据经验证明,公路每增加一级,公路占地平均增加宽度4~8m,每公里增加用地面积0.4~0.8hm^2。因此,确保公路规模不增加是减少用地规模的前置条件。

（2）优化路线走向。路线走向决定了公路建设占用土地的类型、数量和质量。路线设计应本着保护耕地、节约集约用地的原则，合理确定用地标准。应尽量避让基本农田保护区、优质连片耕地，充分利用荒山、荒坡、废弃地，尽量减少对农用地特别是耕地的占用，导致耕地破碎化。

（3）提高桥隧比例。在技术、经济条件可能的情况下，复建公路建设应尽可能提高桥梁、隧道比例。通常在山岭重丘区，应考虑以隧代路，以缩短公路里程，减少用地规模，减轻对原有地貌的影响和耕地破碎化。

8.3.3　工程建设阶段

在工程项目实施阶段，施工临时用地的选择应将减少临时占用耕地作为重要指标。水利工程的建设，常需设置渣场、料场和临时道路，在满足施工要求的前提下，应严格控制其数量，并根据工程进度统筹安排，尽可能选择永久占地范围内作为临时设施布置，实现"永临结合"。多利用荒地、废弃地，尽量不占用耕地，特别是基本农田。对于占用耕地的，在项目建成后应按国家有关规定进行土地复垦，保障其具备恢复成耕地地力的条件。在渣场的选择，符合规范、不影响工程安全的前提下，可尽量选择库内堆渣，减少新增临时用地。如确需设置渣场，可优先选择裸地、荒草地等现状的土地进行布置，坚持不用或少用耕地，有坡地不用平地，有旱地不用水田，有荒地不用耕地。料场尽量选择裸地或荒草地作为第一开料选择，减少料场开挖对耕地的占用和影响。如料场开挖确需占用耕地，应先将覆盖层剥离，并堆置旁边保护好，待料场开挖后再进行覆耕。施工临时道路的选择应尽量结合现有道路布置，减少新增道路。遵循保护自然植被、减少占用耕地、减少开挖山体和距离最短的原则。

在水库淹没或淹没影响范围内，对于水库淹没深度不大或淹没影响范围成片的农田、居民点、集镇、城镇、工矿区、文物古迹和重要专项设施等项目的地区，具备防护条件，在技术可行、经济合理的原则下，采取一定的工程防护措施可减少相应的淹没损失，以达到保护资源、发展生产的目的。在我国已建的水利工程中，采取工程措施防护成片农田、重要集镇和较大的工矿等有许多成功案例。如富春江、三门峡等水库采取防护工程防护大片的耕地；丰满水库、水口水库采取防护措施防护受淹的桦甸县城、南平市。这些防护工程以较小的代价换取较大的利益，既可减少移民征地和对当地社会经济的影响，又可使工程建设为地方政府和库区群众所接受，有利于促进水利工程的建设。水库防护工程的类型，从其功能上可分为筑堤挡水、填筑抬高、护岸、防浸四种情况。筑堤防护为修筑防洪堤（墙）抵御外河洪水。填筑抬高为垫高地面至水库淹没处理高程以上以满足防洪要求。除此之外，也有将防护区的排水工程纳入水库防护工程。水库防护工程的类型应根据水库淹没影响对象情况并通过技术经济比较确定。对直接淹没，且淹没深度不大的淹没对象宜采用防护堤保护；对塌岸、滑坡影响以及风浪影响宜采用护岸工程，对水库浸没影响宜采用防浸工程。

防护工程在重庆渝西地区作用尤为明显。渝西片区是重庆市粮食主产区，也是工业发展重点地区。由于其地形平缓，地处浅丘，发展农业、工业都具备地形条件，然而该区域也是重庆市缺水严重区域。渝西片区的大中型水利工程平均淹没深度不深，以占地面积大来确保库容的增加，可从渝西片区大中型水利工程的最大坝高来对比分析。整体来看，渝西片区最大坝高一般为 $20\sim40\mathrm{m}$，而渝南、渝东南片区的大中型水利工程普遍在 40~100m 之间，从最大坝高可以看出它的平均淹没深度。渝西片区平均淹没深度在 10~30m 之间，有些工程平均宽度不足 10m。对于这些淹没较浅、靠近水库周边区域的耕地可通过防洪堤措施来进行减少淹没，实现耕地保护。通过修建防护工程，配套泵站、排水设施，确保低洼区域不被淹没，减少淹没面积。

8.3.4 建成运营阶段

为了解决水利工程建设与土地破坏间矛盾，必须对在建设过程中因挖损、塌陷、压占等遭受破坏的土地，通过采取整治措施，使其恢复到可供利用的状态，即土地复垦。土地复垦是一项长期而复杂的工作，贯穿于水利工程建设的整个过程，其目标是最大限度地保持水利工程建设所在地的生态系统的稳定和生产力的发展。此外，要有效采取各种土地防护措施，将水利工程与道路周边土地资源保护融为一体，减少由于水利工程建设及营运引起的土地资源破坏。

水利工程建设临时用地通常包括施工道路、施工设施、临时生活区、料场占地和弃渣场占地。施工便道，应根据条件选择结合永久道路进行布置，如确需设置临时道路，也应结合附近已有道路布设，减少对土地的征用和工程成本。一般施工便道应尽量控制在满足车辆通行范围内，控制在征地红线内。

施工临时生活区应尽量结合当地地形条件，选择是否租用民居作为生活区，避免新建临时公棚、施工临时生活区；施工设施占地，选址应尽量选择荒地、裸地，考虑施工完成后临时场地的复垦。

渣料场的选取应考虑交通、材料等前提下，尽量选择荒山、荒坡、裸地等。占地尽量少占用耕地或基本农田，合理设计堆土场边坡。渣料场的关键是使用完成后的土地复垦。完成土地复垦面积、提高复垦率的前提是设计要先行。以料场开挖为例，大部分大中型水利工程均单独设置料场，料场均按临时用地进行处置，施工取料完后进行复垦。然而料场的复垦率确是最低，通过调查重庆市内已完工大中型水利工程，料场的复垦率不足60%，仅仅是形式上满足复垦的要求，但已经不能复垦，失去耕种的基本条件。大部分原因都是未按设计开挖，凹凸不平，且无耕作土来源，如进行复垦，需做较大的工程设计，在有限的复垦费下是难以满足料场复垦，为确保料场复垦的可行性，需在初步设计阶段以前针对料场的开挖进行详细的施工设计，按层开挖，严格按高程取料，剥离的耕作土按规定堆置料场区旁边，待工程结束后，由项目业主按料场复垦设计严格施工，恢复成原貌，同时建议将临时用地复垦这一指标纳入工程验收的总指标体系中。

| 第 9 章 |

大中型水利工程建设背景下耕地保护策略 Ⅱ
——完善耕地价值补偿机制

通过对耕地价值损失的相关计算，可以明确库区耕地价值损失的具体量化值。与现行的水利工程征地补偿政策进行对比，分析得出现行政策耕地补偿体系的缺陷与不足。因此，完善价值补偿机制，有利于推动当前征地制度改革，促进大中型水利工程征地补偿和移民安置政策更科学合理，解决目前大中型水利工程建设中最棘手的问题——征地移民问题，为水利工程立项、加快推动水利工程建设提供更加科学的理论依据。

9.1 现行征地补偿政策及价值损失对比

9.1.1 现行征地补偿政策

由于我国实行开发性移民方针，采取前期补偿补助与后期扶持相结合的办法，因此，水库移民政策的基本内容包括补偿政策、安置政策和后期扶持政策三部分。补偿政策是对补偿的范围、对象、项目和标准所作的规定；安置政策是对移民安置的方式、去向、安置标准、安置目标、安置程序、安置效果所作的规定；后期扶持政策是对移民搬迁后的扶持范围、扶持对象、扶持方式、扶持标准、扶持期限、扶持项目所作的规定。前期补偿补助和安置政策主要体现在国务院于 2006 年颁布的《大中型水利水电工程建设征地补偿和移民安置条例》（国务院 471 号令）中，成为指导我国水库移民征地补偿、搬迁安置的纲领性文件；后期扶持是中国从计划经济向市场经济过渡时期实行的一项特殊政策，主要体现在国务院2006年印发的《关于完善大中型水库移民后期扶持政策的意见》等一系列规范性文件中。这项政策既体现了中国政府对移民负责到底的精神，也体现了分享工程效益的原则，为提高移民生产生活水平和维护社会稳定起到了极为重要的作用。

当前大中型水利工程所执行的补偿政策是《大中型水利水电工程建设征地补偿和移民安置条例》（国务院471号令），关于耕地的补偿作如下规定："大中型水利、水电工程建设征收耕地的，土地补偿费和安置补助费之和为该耕地被征收前三年平均年产值的16倍。"重庆市颁布实施《大中型水利水电工程建设征地补偿和移民安置条例》有关问题的补充通知（渝府发〔2008〕128号），作为471号令文件的配套文件——渝府发〔2008〕128号规定："大中型水利水电工程建设征收耕地的土地补偿费为该耕地被征收前3年平均年产值的8~10倍，安置补助费为该耕地被征收前3年平均年产值的6~8倍。土地补偿费和安置补助费之和应不低于该耕地被征收前3年平均年产值的16倍。"

为贯彻耕地"占一补一"的原则，对占用耕地的需缴纳耕地开垦费。耕地开垦费是指非农业建设经批准占用耕地的单位，按照"占多少，垦多少"的原则，负责开垦与所占用耕地的数量和质量相当的耕地所需的费用。重庆市于1999年颁布《重庆市耕地开垦费、耕地闲置费、土地复垦费收取与使用管理办法》（重庆市人民政府令第54号）规定，耕地开垦费按各地经济水平划分为三类，分别是一类地区20~30元/m^2，二类地区15~25元/m^2，三类地区10~20元/m^2。耕地开垦费由市土地行政主管部门和市财政部门征收，专项用于耕地开垦、开发。

从政策规定可以看出（见表9-1），现行关于耕地征收的补偿主要执行的是亩产值收益倍数法，通过计算库区耕地被征收前三年平均年产值，然后分别确定其土地补偿费、安置补助费的补偿倍数，合计倍数不低于16倍。土地补偿费可以看作是耕地经济价值的一种补偿，安置补助费可以视为是耕地社会保障价值的一种补偿。

耕地开垦费则根据重庆市各区县经济发展水平的不同，确定各区县征收耕地开垦费的区间幅度值。从其专项用于开垦耕地来看，可视作耕地社会稳定价值的一种补偿。

表 9-1　　大中型水利工程征地补偿安置标准

补偿部分	补偿标准	备注
土地补偿费	该耕地被征收前 3 年平均年产值的 8~10 倍	土地补偿费和安置补助费之和应不低于该耕地被征收前 3 年平均年产值的 16 倍
安置补助费	该耕地被征收前 3 年平均年产值的 6~8 倍	
耕地开垦费	耕地开垦费按各地经济水平划分为三类	一类地区 20~30 元/m^2，二类地区 15~25 元/m^2，三类地区 10~20 元/m^2

9.1.2　现行征地补偿与价值损失的对比

根据《重庆南川金佛山水利工程可行性研究报告》（2010 年）、《重庆渝北观音洞水利工程可行性研究报告》（2007 年）、《重庆长寿龙门桥水利工程可行性研究报告》（2011 年）、《重庆石柱东方红水利工程可行性研究报告》（2011 年）及第 5 章耕地价值损失计算结果，分析现行耕地补偿标准与实际耕地价值损失的差异度（见表 9-2 及图 9-1）。

（1）耕地年产值的确定

南川区、渝北区、长寿区、石柱县水利工程耕地亩产值分别为

1 420 元/亩、1 704 元/亩、1 845 元/亩、1 693 元/亩。

(2) 补偿倍数的确定

大中型水利水电工程建设征收耕地的土地补偿费为该耕地被征收前 3 年平均年产值的 10 倍,安置补助费为该耕地被征收前 3 年平均年产值的 6 倍,补偿补助费合计为 16 倍。

(3) 耕地开垦费标准的确定

南川区、渝北区、长寿区、石柱县水利工程耕地开垦费取值分别为 10 元/m^2、20 元/m^2、15 元/m^2、10 元/m^2。由于是水利工程,属公益性基础设施工程,故耕地开垦费均按低限值收取。

(4) 现行征地补偿与价值损失的对比

①从表 9-2 可以看出,耕地价值损失与耕地价值补偿之间的差额(即补偿差额)仍然巨大,分类来看,依次是生态价值、经济价值、社会稳定价值和社会保障价值,其比例依次是 47.13%、44.74%、7.70%、0.41%。

②生态价值在现行征地补偿政策条件下未予补偿,是未予补偿中占比最高的项目。

③经济价值补偿差额巨大,现行的经济价值补偿最高的是长寿区,其比例为 39.25%;最低为石柱县,其经济价值补偿比例为 28.06%。在第 5 章经济价值损失计算结果中,石柱县由于种植经济作物——辣椒,其经济价值损失最高,但实际经济价值补偿比例却最低。由于石柱县地处渝东南山区,经济发展水平较低,现行的征地补偿标准的确定与经济发展水平呈正比关系,即经济发展水平越高,其征地补偿标准则越高。

④社会稳定价值的补偿比例在 44%~91% 之间,其与耕地开垦费的取费标准呈正比。耕地开垦费取值越高,其社会稳定价值补偿比例就

越高。如渝北区属一类地区，其缴纳的耕地开垦费属高限水平，故其社会稳定价值补偿比例相对较高，达到91.42%。

⑤社会保障价值的补偿差额比例最低，说明现行征地补偿政策条件下的社会保障价值损失与补偿较接近。

表9-2　　　　现行耕地补偿政策与耕地价值损失对比

项目	子项目	南川区	渝北区	长寿区	石柱县
耕地价值损失	耕地经济价值损失（万元）	12 603.14	8 795.94	4 615.24	4 418.32
	耕地社会保障价值损失（万元）	2 473.18	1 587.95	1 413.34	858.38
	耕地社会稳定价值损失（万元）	3 942.07	2 823.48	1 486.29	1 103.51
	耕地生态价值损失（万元）	9 336.50	6 318.82	3 361.69	2 247.38
	耕地价值损失合计（万元）	28 354.89	19 526.19	10 876.56	8 627.59
耕地价值补偿	土地补偿费标准（元/亩）	14 200.00	17 040.00	18 450.00	16 930.00
	安置补助费标准（元/亩）	8 520.00	10 224.00	11 070.00	10 158.00
	耕地开垦费（元/亩）	6 666.67	13 333.34	10 000.01	6 666.67
	损失耕地数量（hm²）	182.92	129.07	65.46	48.84
	耕地经济价值补偿（万元）	3 896.27	3 298.91	1 811.62	1 240.22
	耕地社会保障价值补偿（万元）	2 337.76	1 979.35	1 086.97	744.13
	耕地社会稳定价值补偿（万元）	1 829.23	2 581.31	981.91	488.37
	直接补偿价值总量（万元）	8 063.26	7 859.56	3 880.51	2 472.73
耕地直接补偿比例	耕地经济价值补偿比值（%）	30.92	37.50	39.25	28.07
	耕地社会保障价值补偿比值（%）	94.52	124.65	76.91	86.69
	耕地社会稳定价值补偿比值（%）	46.40	91.42	66.06	44.26
	耕地生态价值补偿比值（%）	0	0	0	0
耕地价值补偿差额	耕地经济价值补偿差额（万元）	-8 706.87	-5 497.03	-2 803.62	-3 178.10
	耕地社会保障价值补偿差额（万元）	-135.42	391.40	-326.37	-114.25
	耕地社会稳定价值补偿差额（万元）	-2 112.84	-242.17	-504.38	-615.14
	耕地生态价值损失补偿差额（万元）	-9 336.50	-6 318.82	-3 361.69	-2 247.38
	耕地价值损失合计（万元）	-20 291.63	-11 666.62	-6 996.06	-6 154.87

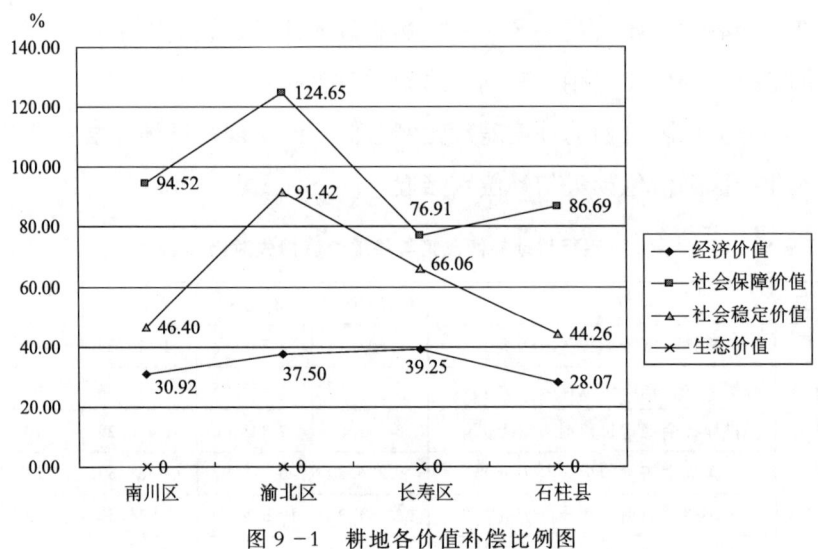

图 9-1　耕地各价值补偿比例图

9.2　完善耕地价值补偿机制

9.2.1　明晰耕地产权关系

现行法律对耕地所有权的主体规定模糊。《土地管理法》规定:"农民集体所有的土地依法属于村农民集体所有的,由村集体经济组织或者村民委员会经营、管理;已经分别属于村内两个以上农村集体经济组织的农民集体所有的,由村内该农村集体经济组织或者村民小组经营、管理;已经属于乡镇农民集体所有的,由乡镇农村集体经济组织经营、管理。"由此可见,耕地所有权主体本身就比较模糊,存在村民小组农民集体、村民委员会农民集体和乡镇农民集体三种产权主体。民法规定的所有权主体包括自然人、法人和非法人组织，而农民集体既非自然人也非法人，也非法人组织。同时，《土地管理法》规定："国家为了公共利益的需要可以依法对土地实行征收或者征用给予补偿，征收土地的按照被征收土地的原用途给予补偿。"现行的土地征收制度按照原用途给予补偿直接导致人们思想上认为耕地的最终所有权属于国家，说明在现行法律体系下，关于耕地的产权主体界定模糊，不仅对保护农民权益产生影响，也对解决耕地"外部性"问题产生影响，即导致补偿主体和对象不明确。因此，明确耕地产权关系，合理的产权制度安排是解决当前耕地价值外部性的前提条件，也是补偿制度建立和运行的基础。完善耕地资源产权制度不仅能保障产权主体的合法权益，激励其积极保护和合理利用耕地，并从中获取相应利益；还能促进资源的合理配置，提高耕地使用效率，促进经济社会可持续发展。

以法律形式明确规定农民集体土地应当建立在村民小组（社）农民集体上，为社组集体成员共同拥有，强化农民的土地所有权和处置权，明确界定农民集体经济组织主体成员，承认农民集体与其他社会法人拥有平等的市场主体地位，社（组）长为法人代表，法人代表的选取由社员代表大会选举产生。明确界定耕地的所有权为共有所有权，严格界定农民的土地承包经营权、建设用地使用权、宅基地使用权等物权，通过土地登记和发放土地权利证书，以法定形式规定土地产权归属，确认和保护农民的土地权益，激励其耕地保护的积极性，为农村集体土地改革提供相应的制度保障。

9.2.2 完善耕地征用价值补偿体系

从土地管理法的规定可以看出，国家基于公共利益的需要可以依法对土地进行征收，并按原用途进行补偿。它是基于"权利义务性"的观点出发，强调所有权的社会义务性，认为财产的所有权承担一定的社会义务，因此所有权的处分权利受到一定的限制。虽然目前普遍认识到了耕地具有多功能性，具有生产功能（经济价值）、生态服务功能（生态价值）和社会保障功能（社会价值），但在现行体制下，耕地征用价值补偿中仍主要考虑了经济价值和社会价值，没有有关耕地生态价值补偿的相关规定。这不仅使得耕地征用价值补偿水平偏低，而且使得耕地生态环境得不到积极的保护。因此，它也反映在补偿原则中，主要针对的是耕地的实体价值进行补偿，即经济价值和依附在耕地的农民社会保障价值，对难以量化的精神损失、生活权损失、社会网络损失和生态价值损失未有补偿，因此建立完善的耕地征用价值补偿体系尤为重要。

完善价值补偿体系对水利工程建设的集约用地和节约用地有着较大的促进作用。由于过去对耕地价值损失的缺乏，忽略工程建设方案比选中重要的指标比选——耕地价值损失，而完善后的耕地价值补偿将对耕地价值损失予以补偿，提高耕地价值的补偿标准，扼制住耕地快速流失、转为水域的过程。耕地价值的提高，将促使水利工程的设计者在坝址选择时避免占用耕地，在水位选择时选择占用耕地量较低的正常蓄水位，在适宜修建防护工程保护耕地的区域，通过修建防护工程保护耕地不受淹没，都将促进水利工程建设的可持续性。

因此，现阶段应完善耕地征用价值补偿体系，在征地环节中增加生态补偿费征收项目，具体可以通过向占用耕地者征收耕地生态补偿费的形式实现（见表9-3）。通过把具有外部性的生态服务功能价值纳入价值补偿体系实现内部化，一方面可以增加占用耕地的成本，提高耕地的比较效益，从而扼制耕地的快速流失；另一方面可以提高人类的耕地生态环境保护意识，促进人类对耕地的合理利用和积极保护。

表 9-3　　　　　　　　耕地价值及相应价值补偿体系

项目	子项目	价值补偿
耕地价值	耕地经济价值	土地补偿费
	社会保障价值	安置补助费
	社会稳定价值	耕地开垦费、耕地占用税
	生态价值	耕地生态补偿费

9.2.3　提高耕地征用价值补偿标准

耕地征用过程中价值补偿标准确定合理与否除了直接关系到补偿主体和补偿对象的利益外，而且影响整个社会的粮食安全和生态安全问题。根据《中华人民共和国土地管理法》第四十七条，我国现行耕地征用过程中价值补偿标准主要是依据耕地被征用前三年平均年产值来确定的。本研究通过对四个库区损失耕地实际承载着的功能价值进行测算，发现按现有补偿标准求得的价值补偿根本无法完全弥补实际价值损失，揭示出现有补偿标准不够科学，补偿值偏低，严重侵害了被征地者的权益，易导致耕地资源的快速流失等问题。因此，为保障失地农民的权益、确保国家的粮食安全和社会的可持续发展，当前迫切地需要对现有耕地补偿标准进行全面改革，以耕地的全面价值观作为制定科学补偿标准的依据，从而完整体现耕地的多功能价值。通过现行的耕地补偿政策体系研究可以发现，影响征用耕地价值补偿的两个关键参数——补偿补助倍数和耕地年产值，需根据现行实际情况进行修订提高。

（1）提高征地补偿补助倍数

关于现行的征地补偿补助倍数是依据 1999 年颁布的《土地管理法》进行确定的，并按法律规定取高限值。《土地管理法》规定："征用耕地的补偿费用包括土地补偿费、安置补助费以及地上附着物和青苗的补偿费。征用耕地的土地补偿费，为该耕地被征用前三年平均年产值的六至十倍。征用耕地的安置补助费，按照需要安置的农业人口数计算。需要安置的农业人口数，按照被征用的耕地数量除以征地前被征用单位平均每人占有耕地的数量计算。每一个需要安置的农业人口的安置补助费标准，为该耕地被征用前三年平均年产值的四至六倍。但是，每公顷被征用耕地的安置补助费，最高不得超过被征用前三年平均年产值的十五倍。"

现行的征地补偿政策仍然沿用的标准是基于1999年的《土地管理法》确定的，其补偿倍数已不能适应现行的移民安置补偿。以重庆市2011年的城市征地补偿政策为例，其土地补偿费不分地类补偿按16 000元/亩执行；安置补助费按28 000元/人执行；耕地青苗及构附着物按综合定额5 000～10 000元/亩执行；按人均耕地1.0亩计算，其每亩耕地获得补偿金额在49 000～54 000元，远大于按年产值的16倍计算得到的土地补偿补助费（2.0万元/亩～3.0万元/亩）。而且国务院规定，征地政策实行每两年一调整，2013年重庆市颁布的新征地补偿政策已翻番，因此为确保重庆市境内征地补偿政策一致，确保不因征地补偿标准的问题发生群体性上访事件，建议现行征地补偿补助倍数予以提高，建议补偿补助倍数之和提高至30倍。

（2）合理确定耕地年产值

耕地年亩产值更多地是由政府进行合理测算，并按区域进行划定。年亩产值是把"双刃剑"，既要保护农民的利益，提高征地补偿标准；又要吸引外资，加大招商引资力度，减小征地成本。

现行的耕地年产值是按照前三年的各种粮食产量和粮食价格除以总耕地面积计算得来，其基数是被征地前三年的平均产量和平均价格，而事实的矛盾以金佛山为例，年产值的基数采用的（2008年、2009年、

2010年)的产量和价格,而实施征地规划在2017年进行下闸蓄水,方实施库区整体征地,按年份计算,有8年的时间差。而这几年恰恰是我国物价水平涨幅较快的年份,CPI普遍在3%以上。因此,用过去的价格来确定未来的补偿标准存在不合理的地方,建议按最大CPI进行推算,方能确保未来实施征地时价格不至于过低,不造成移民群众的不满和群体性事件。因此它的计算方法应为:

$$AP_n = \sum [(O_k \times R_k) + (A_k \times R_{ak})] \qquad (9-1)$$

O_k = 基准年前3年平均亩产量 × $(1 + P_{fk})$(规划水平年−基准年)

式中:AP_n——第 n 个计算单元耕地的亩产值;n——计算单元;O_k——第 n 个计算单元耕地上一个自然年内收获各种作物中的第 K 类农作物主产品的规划水平年亩产量,规划水平年亩产量是指规划水平年前3年平均年亩产量,以概(估)算编制年为基准年,以编制年前3年的平均亩产量,按一定的增幅推算至规划水平年,即为计算耕地征用费的每亩主产品的年产量;P_{fk}——第 K 类农作物主产品亩产量增幅;R_k——第 n 个计算单元耕地上第 K 类农作物主产品的单价;A_k——第 n 个计算单元耕地上第 K 类农作物附产品的规划水平年亩产量;R_{ak}——第 n 个计算单元耕地上第 K 类农作物附产品的单价。

9.2.4 建立区域间补偿长效机制

大中型水利工程的建设是以牺牲小部分居民的利益换取大部分居民的利益,牺牲部分耕地转化为水域,从而改善大灌区耕地效益。因此,建立受益区的居民向淹没区的居民的财政转移制度是有必要的。

从分别对水利工程所在小区域即库区及水利工程所在大区域即区县

耕地价值变化分析可知，由于大区域可以享受到水利工程修建后带来的新增和改善灌面效益，因此与小区域库区在水利工程影响下耕地价值总体呈减少变化相比，以农业灌溉为主要功能的水利工程所在区域，或虽然不以农业灌溉为主，但其用于农业灌溉的供水量较大，折算耕地面积仍能大于损失耕地面积的区域，其耕地价值则总体呈增加变化。可见，对于同一个水利工程项目，分析其影响的区域范围不同，水利工程产生的作用效果也截然不同。为此，必须考虑区域间价值的转移支付，建立大区域和小区域之间的价值补偿长效机制，具体是享受水利工程建设带来的新增和改善灌面效益的区域通过财政转移支付的方式对库区进行补偿。这主要是因为：一方面，大区域自身耕地未减少，且可以无偿享受到库区用耕地损失换来的水利工程所产生的经济效益、生态效益和社会效益；另一方面，库区因水利工程建设导致了优质耕地的大量损失，而补偿标准又偏低，使得库区丧失了公平发展的机会。因此，能享受到水利工程建设带来效益的大区域理应给予库区经济补偿。

9.2.5 健全完善法律法规

法律法规是政府干预宏观经济的重要手段，是政府解决外部性公共产品问题的制度保障。通过完善立法，确认各主体在法律上的权利和义务，建立起有效的耕地价值补偿的法律机制，确保耕地价值补偿工作得以长期、稳定的实施。当前，应对《土地管理法》、《大中型水利水电工程建设征地补偿和移民安置条例》（国务院471号令）中相关内容进行修订完善，明确耕地所有权，重塑耕地所有权法人主体。当前法律体系下耕地所有权属于社（组）农民集体、村民委员会农民集体、乡镇农民集体，法律界定模糊，"集体"并不是一个严格的法律术语，我国民法规定三个民事主体包括自然人、法人和合伙三种表现形式。因此，应明确土地所有权的权属，明确其法人及法人代表的产生制度，明确代表最广大农民利益的社（组）农民集体作为法律意义上的权属人，并赋予社组集体占有、使用、处分、受益等功能，所有权和使用权的明确对耕地价值补偿主体的明确有重要意义。

同时，针对现行征地补偿制度的不足，对调整后的土地补偿倍数、安置补助倍数予以明确界定，对耕地年亩产值的基本计算参数予以详细规定，提高征地补偿标准。以法律的形式保护耕地所有者和使用者的经济利益，明确规定耕地价值补偿中各相关主体的权利与义务，并依法界定耕地价值补偿主体和对象、补偿资金的来源、支付方式和分配使用以及补偿的监督管理等内容，使补偿的各个环节都有法可依。

9.2.6 建立科学合理的耕地资源税费制度

目前，对占用耕地资源征收的税费主要包括耕地占用税、新增建设用地有偿使用费、耕地开垦费。耕地占用税是国家对占用耕地进行非农建设行为征收的一种资源税，自其推行以来，在保护耕地资源、积累农业建设资金等方面发挥了重要作用；新增建设用地土地有偿使用费是指国务院或省级人民政府在批准农用地转用、征收土地时，向取得出让等有偿使用方式的新增建设用地的县、市人民政府收取的平均土地纯收益；耕地开垦费是指按照耕地占用补偿制度占用耕地的单位没有条件开垦或者开垦的耕地不符合要求时按规定缴纳专款用地开垦新的耕地的费用。

在保障农民权益的前提下，依靠规范的土地税费收益，实现土地增值合理分享机制，确保征收后的耕地税费能有效实现耕地开垦、土地开发、保护基本农田的功能。

9.2.7 建立向市场机制过渡的耕地价值补偿体系

国际上耕地征收根据实际情况不同,所采取的补偿标准也不一致。通过借鉴美国、法国、德国、日本土地征收补偿方式,这几个国家采用的是完全补偿方式,通过被征收土地的市场价格或以政府公布的市场价格为准,并附有公平补偿、相当补偿和正当补偿。现行我国征地补偿制度设计遵循的是不完全补偿制度原则,采取的是适当补偿或者适额补偿的原则,与市场经济运行体制不匹配,不能反映现实耕地的实际收益,应根据同地同价原则,结合土地资源条件和供求关系,综合社会经济发展水平等因素,理顺耕地分等定级机制,逐步建立以市场价格为主的耕地价值补偿体系(见表9-4)。

表9-4　　　　　　　　　各国耕地补偿方式

国家	补偿原则	补偿标准	计算标准
中国	适当补偿	按农业经济年产值倍数计算	法定价格
法国	合理补偿	被征土地市场价格	市场价格
德国	公平补偿	以政府公布的土地市场价格为准	市场价格
美国	完全补偿	市场价格补偿	市场价格
日本	正当补偿	按被征用财产的市场价格计算	市场价格

第 10 章
结论与展望

10.1 结论

10.1.1 重庆市大中型水利工程用地特征分析

大中型水利工程的建设淹没影响耕地数量多、影响范围大,随着社会经济的发展,人民群众对水资源需求的增加,水利工程建设占用耕地的数量和质量呈日益增加的趋势。本研究主要通过选取重庆市在建的大中型水利工程进行分析研究,通过对其占地情况、占地耕地情况进行对比分析。36座规划在建大中型水利工程总库容达100 232万立方米,淹没占地面积达到6 598公顷,淹没耕地面积3 808公顷,耕地面积占总面积比例57.72%;每一千万立方米库容($10^8 m^3$)需淹没占用土地65.82公顷,其中淹没耕地37.99公顷。从水库规模来看,大型水库工程淹没耕地占土地总面积的平均比例为58.91%,中型水库工程淹没耕地占土地总面积的平均比例为53.12%。说明在兴建大中型水利工程中,耕地的淹没损失比重较大,单位库容淹没的耕地面积较大。

10.1.2 大中型水利工程建设对耕地的影响I——价值损失

水利工程淹没占用的耕地价值核算应包括经济价值、社会稳定价值、社会保障价值和生态价值等完整价值测算体系,耕地价值的完整测算对区域耕地保护、维护粮食安全具有重要意义。通过采取收益还原法、替代法、影子价格法等方法，对南川金佛山、渝北观音洞、长寿龙门桥、石柱东方红四个库区耕地经济价值、社会稳定价值、社会保障价值和生态价值进行了测算。其中，耕地经济价值损失所占比重最高，分别为 44.45%、45.05%、42.43%、51.21%。石柱东方红库区因种植辣椒这种经济效益较高的农作物比例较大，其耕地经济价值水平是四个库区中最高，这表明种植经济作物比重越高，越利于提高耕地的经济价值产出水平。其次是耕地生态价值，生态价值损失所占比重分别为 32.93%、32.36%、30.91%、26.05%。这揭示出，耕地生态价值在耕地综合价值中占有较大比例，在耕地利用和征用过程中必须使具有外部性的生态价值得以体现，否则将大大低估耕地价值，降低耕地的比较效益，导致耕地朝着非农用地快速转用。总体来看，四个库区耕地价值损失总体与库区淹没和建设占用耕地数量成正比，耕地损失越多，耕地价值损失越大，这表明在水利工程建设中减少耕地占用是减少耕地价值损失的根本所在，在水利工程建设中必须遵循节约集约用地原则，采取各种工程措施降低对耕地的占用。

10.1.3　大中型水利工程建设对耕地的影响 Ⅱ ——价值补偿

完整的耕地价值补偿是对现行征地补偿制度体系的完善，为合理制定征地移民补偿政策体系提供理论依据。通过构建大中型水利工程影响下区域耕地价值补偿框架，构思耕地补偿价值测算方法，对南川金佛山、渝北观音洞、长寿龙门桥、石柱东方红四个库区直接价值补偿和间接价值补偿进行了测算，对耕地价值补偿制度进行了探讨。通过对四个库区耕地直接价值补偿和间接价值补偿进行测算，四个库区耕地直接价值补偿总体与库区淹没和建设占用耕地数量成正比，耕地损失越多，耕地直接价值补偿越大。从新增或改善灌面间接价值补偿来看，以农业灌溉为主要功能的水利工程或虽不以农业灌溉为主，但其用于农业灌溉的供水量较大的水利工程，因新增和改善灌面效益较大，其间接价值补偿水平更高。从库区新增水域间接生态价值补偿来看，四个库区总体与库区淹没耕地数量成正比，耕地淹没越多，新增水域生态价值补偿越大。建议完善耕地征用价值补偿体系，通过向占用耕地者征收耕地生态补偿费的形式将具有外部性的生态服务功能价值纳入价值补偿体系实现内部化；提高耕地征用价值补偿标准，以测算出的库区耕地实际承载着的各种功能价值水平为依据进行补偿标准的确定，使补偿标准能较为真实地反映出损失耕地的价值水平。

10.1.4　大中型水利工程建设背景下耕地价值变化分析

水利工程建设对库区这个小区域耕地价值损失产生重要的递减意义，随着耕地损失量的增大，耕地价值损失也越大，但对区域耕地价值是呈正增加，且与灌溉供水量呈正比。通过对四个库区的研究发现，耕地价值变化程度与耕地损失量成正比关系，且总体呈减少变化，表明目前水利工程建设中对损失耕地的价值补偿不够充分，急需提高耕地的土地补偿费、安置补助费、耕地开垦费等补偿标准。从各构成部分来看，水利工程修建导致耕地生态价值损失较大，表明生态价值是耕地综合价值的重要组成部分，当前急需完善耕地价值补偿体系，把生态价值等外部性价值纳入补偿体系中，提高耕地价值补偿水平。以农业灌溉为主要功能的水利工程所在区域南川区和石柱县，或虽然不以农业灌溉为主、但其用于农业灌溉的供水量较大、折算耕地面积仍能大于损失耕地面积的区域渝北区,其耕地价值总体呈增加变化。反之,以工业或城镇供水为主要功能的水利工程所在区域长寿区,因新增或改善灌面少,其耕地价值总体呈减少变化。这揭示出在进行水利工程功能设计时,尽量多为农业灌溉提供保障,使新增或改善灌面效益较大,从而确保水利工程影响下区域耕地损失价值可通过间接方式得以充分补偿。

10.1.5 大中型水利工程建设背景下耕地保护策略 I ——建立价值损失防控体系

在大中型水利工程建设背景下,建立有效的耕地价值损失防控体系,将耕地价值损失控制在最低,它包括节约集约用地评价和节约集约用地技术方法,其目的是减少耕地价值损失,以最低的耕地代价换取较高的工程效益。基于耕地价值损失量化的基础上,在大中型水利工程建设背景下试图构建一套耕地价值损失防控体系,达到耕地保护、减少耕地价值损失的效果。耕地价值损失防控体系的概念可解释为,在现有的经济技术条件下,基于满足工程安全、适度工程投资和水库功能不降低的前提下,以优化水库工程规模和减少耕地价值损失为目标,通过建立集约用地指标评价体系,以提高水利建设用地的使用效率,防范耕地的粗放利用;在水利工程建设各阶段,通过优化工程选址、科学工程布置、论证水库规模、优化设计方案等技术手段,最终达到节约用地、减少占用耕地的目标,将耕地价值损失控制在最低范围。

水利工程建设用地集约用地指标评价体系方面,采用层次分析法与综合指数法,进行集约度评价,达到防范及纠正价值损失的目的。直接用地的集约评价结果,南川金佛山水利工程集约利用度最高

(0.7531)，接近高效利用，主要表现在其集约用地结构、集约用地效益及耕地价值损失方面。其单位蓄水量淹没土地面积、淹没耕地面积均属最低值，说明其坝址选取位置合理；水库淹没经济指标适度，其供水灌溉效益也表现明显，单位水利用地灌溉面积、供水人口、蓄水量均表现优异，说明该水利工程功能定位合理，以农业灌溉和农村人畜饮水为主的水库功能提升了其土地集约利用的效益；其单位蓄水量淹没的耕地价值损失值也最低，说明其淹没耕地量较小，相应地价值损失值也较低。相反，以工业供水和城市供水为主的渝北观音洞、长寿龙门桥水利工程在效益方面表现较差，其供水结构、水库功能还需进一步优化配置。而间接用地的集约评价结果，渝北观音洞水利工程集约度分值最高，接近高效利用；长寿龙门桥水利工程次之，属中度利用；南川金佛山水利工程和石柱东方红水利工程土地集约度分值均较低，属低效利用。

水利工程建设节约集约用地技术方法和措施方面，主要通过坝址选择比较、水位比选、坝型优化、渠线设计、减少搬迁人口规模、优化专业项目复建、工程防护措施、土地复垦等手段达到节约用地、少占耕地，控制价值损失的目的。

10.1.6 大中型水利工程建设背景下耕地保护策略 Ⅱ——完善耕地价值补偿机制

完善耕地价值补偿机制，既对区域耕地保护提供路径保障，又为被征地移民获取补偿补助提供理论依据。通过对耕地价值损失的相关计算，可以明确库区耕地价值损失的具体量化值，与现行的水利工程征地补偿政策进行对比，分析得出现行政策耕地补偿体系的缺陷与不足。完善耕地价值补偿政策建议主要从以下七个方面展开：明晰耕地产权关系，界定耕地所有权、使用权主体；完善耕地征用价值补偿体系；提高耕地征用价值补偿标准，合理确定征地补偿补助倍数和耕地年亩产值；建立区域长效补偿机制；完善立法，确认各主体在法律上的权利和义务；建立科学合理的耕地资源税费制度；建立向市场机制过渡的耕地价值补偿体系。

10.2　相关问题与研究展望

现阶段迫切地需要加强耕地资源价值重建以及耕地资源利用和征用过程中的价值体现问题研究。尤其是在我国人多地少、耕地后备资源不足的国情下，加快耕地资源外部性价值的补偿研究，使其在经济上得以充分实现，显得特别重要，这对于提高人们对耕地资源的保护意识和动力、从根本上扭转耕地资源快速流失的局面、实现耕地资源的可持续利用和社会经济的可持续发展具有重要意义。本书从耕地价值角度着手，希望揭示水库淹没区价值损失，并通过价值损失与征地补偿政策进行对比分析。

长期以来，我国土地资源的节约集约利用主要关注区域土地利用、城镇用地和工业用地等，对于基础设施用地的集约管控相对薄弱，尤其是水利建设用地，缺乏有力的管控依据和管控方法。本研究主要通过微观层面对水利工程建设用地进行集约利用研究，构建的指标体系主要围绕微观水利工程的建设。但由于水利工程用地占地性质较多，包括直接永久占地和间接永久占地，本书仅对其直接永久占地和间接永久占地建立指标体系进行集约度评价，但在标准化分值方面缺少相应的权威规定，仍需参照大中型水利工程相关参数值，需进行相关补充完善。本书采用层次分析法和综合指数法进行集约度计算，建议今后可优化数学方法，通过多种计算方法来平衡。

本研究的中心是大中型水利工程，尤其是水源工程。而水利工程不仅仅包括大中型水利工程，还包括堤防工程、灌区工程、供水工程、河道治理工程等，本书仅选取了占地量较大的水源工程进行研究，希望今后能够从宏观层面对整个水利工程进行深入研究。

参考文献

[1] 王克强. 土地经济学 [M], 上海财经大学出版社, 2005.

[2] 周诚. 土地经济学 [M], 中国人民大学出版社, 2003.

[3] 曲福田. 资源经济学 [M], 中国农业出版社, 2001年8月.

[4] 蔡运龙, 霍雅勤. 中国耕地价值重建方法与案例研究 [J], 地理学报, 2006年10月, 第61 (10), 1090 -1096.

[5] 谢建豪. 农用地价值构成与征地价格研究 [D], 保定：河北农业大学, 2004.

[6] 张燕, 张洪, 彭补拙. 我国耕地价值研究现状概述 [J], 土壤, 2008, 40 (1)：1 -8.

[7] 王湃, 张安录. 农地价值构成及其评估方法研究 [J], 理论月刊, 2007 (6)：163 -165.

[8] 李景刚, 欧名豪, 张效军等. 耕地资源价值重建及其货币化评价——以青岛市为例 [J], 自然资源学报, 2009, 24 (11)：1870 -1880.

[9] 周建春. 耕地估价理论与方法研究 [D], 南京：南京农业大学, 2005.

[10] 李孟波. 耕地资源价值研究——以武汉市为例 [D], 武汉：华中农业大学, 2005.

[11] 王湃, 张安录. 农地价值构成及其评估方法研究 [J], 理论月刊, 2007 (6): 163-165.

[12] 黄贤金. 江苏省耕地资源价值核算研究 [J], 江苏社会科学, 1999 (4): 55-60.

[13] 车裕斌. 论耕地资源的生态价值及其实现 [J], 生态经济, 2004 (S1): 224-228.

[14] 谢高地, 鲁春霞, 冷允法等. 青藏高原生态资产的价值评估 [J], 自然资源学报, 2003, 18 (2): 189-196.

[15] 蔡运龙, 霍雅勤. 中国耕地价值重建方法与案例研究 [J], 地理学报, 2006, 61 (10): 1084-1092.

[16] 陈丽, 曲福田, 师学义. 耕地资源社会价值测算方法探讨——以山西省柳林县为例 [J], 资源科学, 2006, 28 (6): 86-90.

[17] 高楠, 宋戈. 黑龙江省耕地资源安全综合评价研究 [J], 水土保持研究, 2009.

[18] 曹志宏, 郝晋珉, 梁流涛. 黄淮海地区耕地资源价值核算 [J], 干旱区资源与环境, 2009, 23 (9): 5-10.

[19] 周建春. 中国耕地产权与价值研究——兼论征地补偿 [J], 中国土地科学, 2007, 21 (1): 4-9.

[20] 霍雅勤, 蔡运龙. 可持续理念下的土地价值决定与量化 [J], 中国土地科学, 2003, 17 (2): 19-23.

[21] 罗文光. 基于 GIS 技术的福建省耕地资源价值评价及其分区 [D], 福建: 福建农林大学, 2006.

[22] 张飞, 崔延松, 孔伟. 耕地资源开发中的价值补偿问题研究 [J], 农业经济, 2009, (1): 33-35.

[23] 段跃芳. 水库移民补偿理论与实证研究 [D], 武汉: 华中科技

大学, 2003.

[24] 杨文健. 中国农村移民安置模式研究 [D], 南京：河海大学, 2004.

[25] 高强. 世界银行强化工程移民安置的背景和措施 [J], 软科学, 1998 (1): 66-69.

[26] 迈克尔·M. 塞尼, 移民与发展——世界银行政策与经验研究 [M], 水库移民经济研究中心编译, 南京：河海大学出版社, 1996.

[27] 李光禄, 侣连涛. 土地征用补偿制度的完善 [J], 山东科技大学学报（社会科学版）: 2002, 4, (1): 32-35.

[28] 刘慧芳. 论我国农地地价的构成与量化 [J], 中国土地科学, 2000, 5, 14 (3): 15-18.

[29] 李强, 陶传进. 工程移民的性质定位兼与其他移民类型比较 [J], 江苏社会科学, 2000 (2): 76-80.

[30] 施国庆, 陈绍军. 顾茂华开发性移民面临的矛盾与对策研究 [J], 水利水电科技进步, 2000 (3).

[31] 贺丹, 陈银蓉. 水库安置区居民土地流转前后福利变化模糊评价 [J], 中国人口资源与环境, 2012, 22 (11), 116-123.

[32] 刘灵辉. 水库移民安置区土地流转补偿研究 [D], 武汉：华中农业大学, 2010.

[33] 叶健. 基于土地流转的水库移民补偿安置模式研究 [D], 湖北：三峡大学, 2010.

[34] 陈春节, 佟仁城. 征地补偿价格量化研究 [J], 中国土地科学, 2013, 27 (1): 41-47.

[35] 颜朝辉. 中国农村土地征用补偿问题研究 [D], 福建：福建师范大学, 2006.

[36] 赵文元,杨庆媛,林雪梅. 重庆市现行征地补偿安置制度的相关问题探讨 [J],西南农业大学学报(社会科学版),2013,11(1):30-36.

[37] 陈战武,水利水电工程建设征地补偿补助标准分析研究 [D],河南:华北水利水电学院,2007.

[38] 周少林,李立. 关于水库移民的补偿方式的思考 [J],人民长江,1999,30(11):1-2.

[39] 傅秀堂. 论移民补偿与发展,人民长江,1995,28(8).

[40] 杨灿明,李景友. 从三峡工程看政府对外部性的校正方式. 财经科学,增刊,2001:122-125.

[41] 何芳. 国内外城市土地集约利用研究综述与分析 [J],国土经济,2002,3:35-37.

[42] 乐建明. 我国城市化进程中的土地集约利用 [D],重庆:重庆大学建设管理与房地产学院,2005.

[43] 陈双. 美国促进建设用地集约利用政策之启示 [J],湖北大学学报(哲学社会科学版),2006,(6).

[44] H. James Brown. 城市土地管理的国际经验和教训 [J],国外城市规划,2005,20(1):21-23.

[45] 汤怀志. 公路建设用地集约利用研究 [D],北京:中国地质大学,2011.

[46] 韩晓宇. 基于人本经济视角的公路建设用地合理性评价理论研究 [D],西安:长安大学,2009.

[47] 徐慧,黄贤金,姚丽,揣小伟,赵荣钦,高珊. 江阴市电力行业用地集约利用评价 [J],2010.01.

[48] 骆文光. 水利工程用地特点及节约用地措施 [J],内江科技,

1998（3），15 -16.

[49] 敖登高娃，赵明，苏根成，王考. 基于时间序列 GM 模型的内蒙古水利设施用地预测 [J]，2008.04.

[50] 陈天晓. 农村水利设施用地闲置分析与整理研究 [D]，长沙：湖南农业大学，2012.

[51] 马克思. 资本论（第三卷），人民出版社，1975 年版，第 693 - 720 页.

[52] 威廉·配第. 赋税论 献给英明人士 货币略论，商务印书馆，1972 年，第 49 -50 页.

[53] 亚当·斯密. 国民财富的性质和原因的研究（上卷），郭大力，王亚南译，商务印书馆，1972 年版，第 26、27、44 页.

[54] 周生路. 土地评价学 [M]，东南大学出版社，2006 年 8 月.

[55] 沈满红. 资源与环境经济学 [M]，中国环境科学出版社，2007.

[56] 马中. 环境与资源经济学概论 [M]，高等教育出版社，1999 年 6 月.

[57] 秦明周. 土地利用及持续开发理论与实践 [M]，西安地图出版社，1998.

[58] 谭勇. 三峡库区土地可持续利用评价方法及实证研究 [M]，西南大学硕士论文，2007.

[59] 钱铭主编. 土地利用总体规划理论与实践 [C]，北京：中国农业科技出版社，1996.

[60]《马克思恩格斯全集》第 23 卷，人民出版社，1972 版，第 102 页.

[61] 菲吕博腾，配杰威齐. 产权与经济理论：1972.

[62] 徐嵩龄主编. 环境伦理学进展：评论与阐释 [M]，北京：社会

科学文献出版社，1999.

[63] 赵士洞，王礼茂. 可持续发展的概念和内涵 [J]，自然资源学报，1996，11 (3)：288 -292.

[64] 张坤民主笔. 可持续发展论 [M]，北京：中国环境科学出版社，1997.

[65] 洪银兴著. 发展经济学与中国经济发展 [M]，北京：高等教育出版社，2001.

[66] [美] 理查得·T. 伊利，爱德华·W. 莫尔豪斯著，腾维藻译. 土地经济学原理，北京：商务印书馆，1982：56.

[67] 毕宝德. 土地经济学，北京：中国人民大学出版社，1991：139 -141.

[68] 刘卫东. 土地资源学，北京：百家出版社，1994：254 -258.

[69] 冯业栋. 重庆市水资源现状及节水对策研究 [D]，重庆：重庆大学，2004.

[70] 龚久平，张伟，洪云菊，李燕等. 重庆市水资源承载力分析与可持续发展利用探讨 [J]，山西南农业学报，2011，24 (6)：2429 -2433.

[71] 胡剑波. 完善我国水利工程用地制度的构想 [J]，水利发展研究，2005 (5)：30 -33.

[72] 刘昌用. 重庆市"一圈两翼"战略与统筹城乡的一致性 [J]，重庆工商大学学报（西部论坛），2008，18 (3)：42 -44.

[73] 张新华. 直辖：重庆发展的新阶段 [J]，重庆大学学报（社会科学版），2002，8 (3)：3 -6.

[74] 黄奇帆. 重庆五定位 [J]，经营管理者，2007 (12)：38 -39.

[75] 龚碧凯，邓良基等. 水库淹没区耕地生态服务功能价值估算研究——以黄金坪水电站为例 [J]，资源开发与市场，2007，23 (12)，

1085 -1088.

[76] 吴兆娟,倪九派,魏朝富. 三峡工程胁迫下重庆库区耕地利用变化及其机制研究 [J],西南大学学报 (自然科学版),2011,33 (3),50 -57.

[77] 张贞,高金权,杨威,魏朝富. 土地整理工程影响下农业生态系统服务价值的变化 [J],应用生态学报,2010,3,21 (3):723 -733.

[78] 黄莉,余文学. 水利工程征地损失及土地价值转移的经济学意义 [J],人民长江,2008,39 (2):86 -88.

[79] 何三怡,刘冠美. 现代水利五大特征之——人文水利 [J],四川水利,2004 (2):5 -9.

[80] 霍雅勤,蔡运龙. 耕地资源价值的评价与重建——以甘肃省会宁县为例 [J],干旱区资源与环境,2003,17 (5):81 -85.

[81] 赵海珍,李文华,马爱进等. 拉萨河谷地区青稞农田生态系统服务功能的评价——以达孜县为例,自然资源学报,2004,19 (5):632 -636.

[82] 蔡运龙,俞奉庆. 中国耕地问题的症结与治本之策 [J],中国土地科学,2004,18 (3):13 -17.

[83] 李孟波. 耕地资源价值研究——以武汉市为例 [D],武汉:华中农业大学,2005.

[84] 景莉娜. 乌鲁木齐市耕地资源价值研究 [D],新疆:新疆农业大学,2008.

[85] 林英彦. 不动产估价 [M],台北:台湾文笙书局,1993.

[86] 谷树忠. 对耕地资源估价方法的探讨 [J],自然资源,1997,(4):9 -14.

[87] 王仕菊,黄贤金,陈志刚等. 基于耕地价值的征地补偿标准

[J], 中国土地科学, 2008, 22 (11): 44 -50.

[88] 谢宗棠, 王生林, 杨慧敏等. 甘肃省耕地资源价值的测算 [J], 开发研究, 2006, (3): 99 -102.

[89] 美国估价学会. 不动产估价翻译委员会译, 不动产估价 [M], 北京: 地质出版社, 第 11 版, 445 -446.

[90] 罗文光, 丛艳静, 邢世和. 基于 GIS 技术的福建省耕地价值评价及其空间分异 [J], 土壤, 2009, 41 (2): 295 -302.

[91] 孔祥斌, 张凤荣, 李霖. 农用地估价方法探讨 [J], 河北农业大学学报, 2002, 25 (4): 57 -61.

[92] 霍雅勤, 姚华军. 耕地资源价值影响因素分析 [J], 中国土地, 2003: 22 -23.

[93] 马莉, 牛叔文, 马莉邦. 甘肃省耕地资源转变为建设用地的价值损失评估 [J], 生态与农村环境学报, 2010, 26 (5): 407 -412.

[94] 汪峰. 农地价值评估及其社会保障功能研究——以上虞市小越镇农地评估项目为例 [D], 浙江: 浙江大学, 2001.

[95] 武燕丽. 农用土地资源价值测度方法研究 [D], 山西: 山西农业大学, 2005.

[96] 梅昀, 陈银蓉, 胡伟艳. 农用土地的价值观与农地转用价格评估——以柳州市郊区农地为例 [J], 国土资源科技管理, 2004, (5): 26 -29.

[97] 常晓飞. 耕地资源的社会价值探讨——以沈阳市为例 [J], 吉林农业, 2011 (6): 69 -71.

[98] 崔朝伟, 许学工. 北京市农用地生态系统服务价值评估 [J], 生态经济 (学术版), 2007 (2): 338 -340, 358.

[99] 白玮. 粮食生产中的自然资源价值研究 [D], 北京: 中国农业大学, 2007.

[100] 张其鲁, 张立全, 张连晓等. 小麦的高产育种途径及其发展趋势 [J], 麦类作物学报, 2007, 27 (1): 176-178.

[101] 张贞. 丘陵区多尺度土地质量评价研究 [D], 重庆: 西南大学, 2009.

[102] 龚碧凯, 邓良基, 胡玉福等. 水库淹没区耕地生态服务功能价值估算研究——以黄金坪水电站为例 [J], 资源开发与市场, 2007, 23 (12): 1085-1088.

[103] 黄长志, 周秋峰, 张书仁等. 郑花5号花生矮化密植增产效应的研究 [J], 陕西农业科学, 2008 (4): 23-25.

[104] 李志沛, 张宇清, 朱清科等. 中国平原林业工程的生态服务功能价值研究 [J], 湖南农业科学, 2011 (13): 124-128.

[105] 张丹, 闵庆文, 成升魁等. 传统农业地区生态系统服务功能价值评估——以贵州省从江县为例 [J], 资源科学, 2009, 31 (1): 31-37.

[106] 刘敏超, 李迪强, 温琰茂等. 三江源地区生态系统生态功能分析及其价值评估 [J], 环境科学学报, 2005, 25 (9): 1280-1286.

[107] 杨志新. 北京郊区农田生态系统正负效应价值的综合评价研究 [D], 北京: 中国农业大学, 2006.

[108] 欧阳志云, 赵同谦, 赵景柱等. 海南岛生态系统生态调节功能及其生态经济价值研究 [J], 应用生态学报, 2004, 15 (8): 1395-1402.

[109] 苑莉. 基于可持续理念下的土地生态系统价值评估——以四川省乐至县为例 [J], 经济体制改革, 2009 (4): 169-173.

[110] 李晶, 任志远. 秦巴山区植被涵养水源价值测评研究 [J], 水土保持学报, 2003, 17 (4): 132-138.

[111] 孙新章, 谢高地, 成升魁等. 中国农田生产系统土壤保持功能及其经济价值 [J], 水土保持学报, 2005, 19 (4): 156-159.

[112] 李翠珍,孔祥斌,孙宪海. 北京市耕地资源价值体系及价值估算方法 [J],地理学报,2008,63 (3):321-329.

[113] 孙新章,周海林,谢高地. 中国农田生态系统的服务功能及其经济价值 [J],中国人口资源与环境,2007,17 (4):55-60.

[114] 欧阳志云,王效科,苗鸿. 中国陆地生态系统服务功能及其生态经济价值的初步研究 [J],生态学报,1999,19 (5):607-613.

[115] 肖寒,欧阳志云,赵景柱等. 海南岛生态系统土壤保持空间分布特征及生态经济价值评估 [J],生态学报,2000,20 (4):552-558.

[116] 张贞,高金权,杨威等. 土地整理工程影响下农业生态系统服务价值的变化 [J],应用生态学报,2010,21 (3):723-733.

[117] 肖玉,谢高地,安凯. 青藏高原生态系统土壤保持功能及其价值 [J],生态学报,2003,23 (11):2367-2378.

[118] 宗浩,陈文祥,黄翔等. 成都市生态系统服务功能价值探讨 [J],四川师范大学学报(自然科学版),2007,30 (5):636-641.

[119] 李加林,童亿勤,杨晓平等. 杭州湾南岸农业生态系统土壤保持功能及其生态经济价值评估 [J],水土保持研究,2005,12 (4):202-205.

[120] 韩永伟,高吉喜,拓学森等. 门头沟生态系统土壤保持功能及其生态经济价值分析 [J],环境科学研究,2007,20 (5):144-147.

[121] 刘敏超,李迪强,温琰茂等. 三江源地区土壤保持功能空间分析及其价值评估 [J],中国环境科学,2005,25 (5):627-631.

[122] 周立军. 城市化进程中耕地多功能保护的价值研究——以宁波市为例 [D],浙江:浙江大学,2010.

[123] 李佳,南灵. 耕地资源价值内涵及测算方法研究——以陕西省为例 [J],干旱区资源与环境,2010,24 (9):10-15.

[124] 王万茂,黄贤金. 中国大陆农地价格区划和农地估价 [J],自然资源,1997 (4): 1-8.

[125] 梁思源. 区域公路用地集约性评价——以郑州市为例 [D],北京:中国地质大学,2009.

[126] 高永生. 河南省农用地集约利用评价研究 [D],郑州:河南农业大学,2010.

[127] D. E. McCormark, M. A. Stoking. Soil Potential Rating: I. An Evaluation Form of Land Evaluation [J], Soil Survey and Evaluation, 1986, 6 (2): 37-41.

[128] J. Stephen Clark, Murray Fulton and John T. Scott, The Inconsistency of Land Values, Land Rent and Capitalization Formulas [J], American Economics Association, 1993, (75): 147-155.

[129] Turnari Jatileksono, Keijiro Otsuka. Impact of Modern Rice, Technology on Land Price: The Case of Lampung in Indonesia [J], American Agricultural Economics Association, 1993, (75): 652-665.

[130] CARSON R T. Valuation of Tropical Rainforests: Philosophical and Practical Issues in the Use of Contingent Valuation [J], Ecological Economics, 1998, 24: 15-29.

[131] Ridker RG. Economic Costs of Air Pollution (New York, Praeger), 1967.

[132] Hanemann W Michael. A Methodological and Empirical Study of the Recreation Benefits from water Quality Improvement (Ph D. dissertation, Harvard Univ), 1978.

[133] Darling AH. Measuring Benefits Generated by Urban Water Parks [J], Land Economics, 1973, 49 (1): 22-34.

[134] Takatsuka Yuki, Cullen Ross, Wilson Matthew, et al. Using Stated Preference Techniques to Value Four Key Ecosystem Services on New Zealand Arable Land [J], International Journal of Agricultural Sustainability, 2009, 7(4): 279 -291.

[135] Daily G C. Nature's Services: Societal Dependence on Natural Ecosystems [M], Washington D C: Island Press, 1997.

[136] Costanza R, Arge R, De Groot R, et al. The Value of the World's Ecosystem Services and Natural Capital [J], Nature, 1997, 387: 253 -260.

[137] De Groot R S, Wilson M A, Boumans R. A Typology for the Classification, Description and Valuation of Ecosystem Functions, Goods and Services [J], Ecological Economics, 2002, 41: 393 -408.

[138] Theodore E. Downiing. Risk -Liability Mapping in Development -Induced Displacement and Resettlement [J], Collections of the International Symposium on Resettlement and Social Development, 2002.

[139] Cernea, M. M. Risks, Safeguards, and Reconstruction: A Model for Population Displacement and Resettlement. In Cernea M. M. and Mc -Dowell, C. (eds.), Risksand Reconstruction -Experiences of Resettlers And Refugees. Washington, D. C.: The World Bank, 2000: 11 -55.

[140] Lester Salamon. America' Noprofit Sector. New York The Foundation Center.

[141] Burt, O. Econometric Modeling of the Capitalization Formula for Farmland Prices [J]. Amer. J. Agri. Econ. 1986, (68): 10 -26.

[142] Falk, B. Formally Testing the Present Value Model of Farmland Prices [J]. Amer. J. Agri. Econ. 1991, (72): 1 -10.

[143] Zhong wei Guo, Xiang ming Xiao, Ya ling Gan, Yue jun Zheng. Ecosystem functions, Services and Their Values – a Case Study in Xing shan County of China [J]. Ecological Economics, 2001, 38: 141 –154.

[144] Thomas P. Simon. The Use of Biological Criteria as a Tool for Water Resource Management [J]. Environmental Science & Policy, 2000, (3): 43 –49.

附 录

农村耕地经济价值调查表（农户）

（1）耕地资源基本情况表

序号	项目	数量	备注
1	从事耕地生产的劳动力人数（折纯）		
2	家庭（户）总人数（人）		
3	家庭人均水田面积（亩）		
4	家庭人均旱地面积（亩）		

（2）主要作物占农业生产收入的比重（2011年）

序号	主要作物	百分比	备注
1	水稻		
2	小麦		
3	玉米		
4	红苕		
5	油菜		
6	洋芋		
7	花生		
8	蔬菜		
9	海椒		

（3）近三年主要粮食作物生产基本情况表（按户统计）

水稻、玉米、小麦、红苕、油菜

项目	2009年	2010年	2011年	备注
耕地类型（水田/旱地）				
播种耕地等级				
播种耕地面积（亩）				
粮食作物产量（公斤）				
当年粮食作物市价（元/公斤）				
劳动力投入量（个）				

续表

项目	2009 年	2010 年	2011 年	备注
种子费（元）				
化肥、农肥等肥料费（元）				
农药费（元）				
植保费（元）				
机械作业费（元）				
畜力作业费（元）				
排灌作业费（元）				
管理费（元）				
税费（元）				
其他直接和间接费用（元）				

（4）近三年主要经济作物生产基本情况表（按户统计）

花生、海椒、蔬菜

项目	2009 年	2010 年	2011 年	备注
耕地类型（水田/旱地）				
播种耕地等级				
播种耕地面积（亩）				
产量（公斤）				
当年市价（元/公斤）				
劳动力投入量（个）				
种子费（元）				
化肥、农肥等肥料费（元）				
农药费（元）				
植保费（元）				
机械作业费（元）				
畜力作业费（元）				
排灌作业费（元）				
管理费（元）				
税费（元）				
其他直接和间接费用（元）				